KB212647

이단 백서

사람은 왜 사이비 종교에 미혹될까?

이단 백서

개정증보판

조믿음 지음

『이단백서』는 종교 피해자를 위한 연대기이다. 페이지마다 피해자에게 내미는 따뜻한 손길과 더불어, 깊은 통찰과 열정으로, 또는 과감한 방법으로 다층적 분석을 통해 피해자들을 위한 이성적 해법을 제시한다. 우리 시대 종교가 야기하는 문제를 다룬 더없이 중요한 책이다.

김보라미 변호사 _법률사무소 디케

이단과 사이비 종교의 문제를 다룰 때 대부분 이단을 다루지 사람을 다루지 않습니다. 그 둘의 유기적 연결을 제대로 해석하지 않은 채 맞서다 보니 싸움은 힘들고 제자리입니다. 조믿음 목사의 『이단백서』는 이단에 미혹되는 사람과 사람을 미혹하는 이단을 함께 고찰했다는 점에서 단연 돋보입니다. 종교 중독과 그

메커니즘이 설명되었고 예방과 법적 대응, 각 이단 종파들의 최근 실태까지 망라한 성실한 보고서입니다. 큰 쓰임이 있기를 기대합니다.

변상욱 대기자 _전 CBS

한국교회에 바른길을 제시하기 위하여 발로 뛰는 한 젊은 목사님의 수고의 열매인 『이단백서』의 개정증보판 출간을 진심으로 축하합니다. 그동안 출판되었던 책들과 달리 이 책은 몸으로 부딪히고 발로 뛰면서 얻은 결과물입니다. 법정 투쟁을 통하여 얻은 실제적인 이단의 실체를 폭로하면서 이단의 주장들을 상세하게 알려주고 한국교회에 이단에 대한 경각심을 일깨워주고 있습니다. 실제적인 대책을 제시하고 이단의 잘못된 가르침에 미혹되었다가 성경의 가르침으로 돌아선 성도들에게까지 길잡이가 되는 귀한 책입니다. 온갖 위협과 어려움 속에서도 수고로움을 아끼지 않고 한국교회와 성도들에게 이단의 실체를 낱낱이 드러낸 조믿음 목사님에게 하나님의 위로와 격려가 있기를 간절히 소망합니다.

유정선 교수 _한국성서대학교 조직신학

‘18년 전 21살의 나에게 이 책을 선물할 수 있다면.’ 『이단백서』를 마주하며 마음의 소리에 귀 기울여 보았습니다. 아름다운 인생의 순간을 사기 당했다는 것을 각성한 후 자신이 파열되는 고통 그 이상의 고통을 겪으며 다른 사람들은 이 같은 아픔을 겪지 않길 간절히 바라게 되었습니다. 이단과 사이비에 대해 정확하고 확실하게 안다면 충분히 예방할 수 있다는 것을 이 책은 체계적이고 분석적으로 이야기하고 있습니다. 『이단백서』를 통해 본연의 모습으로 존재하고, 수용되고, 사랑하는 자유한 삶을 지켜나가길 바랍니다.

정지혜 _회사원

“문제가 발생한 후에는 이미 늦다.” 미래학자 앨빈 토플러가 『불황을 넘어서』에서 보낸 충고다. 변화가 너무도 빠른 이 시대에 발생할 수 있는 문제를 미연에 예방하는 것의 중요함에 관하여 한말이다. 나는 이 충고가, 이단과 관련하여 교회에 보낸 충고로 들린다. 이단 문제가 발생한 후에는 이미 늦다. 발생하기 전에 예방해야 한다. 이 책은 바로 그 이단 예방에 관한 책이다. 저자는 이단 사이비에 관한 이론과 실재를 동시에 갖추고 있다. 그는 이단에 대해 연구했고, 오늘도 그 이단들에서 영혼들을 건지기 위해 분투 중이다. 그 치열한 삶의 결과가 이 책이다. 그래서일까? 이 책은 단순한 정보의 나열을 넘어 개념을 정리하고, 그 개념이

나와 우리에게 미치는 영향을 분석한다. 이제껏 나와 무관한 것으로 여겼던 이단 사이비가 이미 우리 옆에 있었고, 그 사상이 우리 속에 있었음을 인정하게 만든다. 개정증보판에서 최근 이단의 경향과 관련된 이슈, 새로운 그들의 포섭 방식과 그에 따른 적절한 대처에 관한 부분을 보게 된다. 저자가 오늘도 현장에 있음을 보게 되는 부분이다. "문제가 발생한 후에는 이미 늦다." 문제가 발생하기 전, 오늘 지금 우리가 준비할 수 있는 최선을 다해야 한다. 나는 그 예방법 가운데 가장 효과적인 것이 이 책을 읽고 배우고 나누고 숙지하는 것이라 확신한다.

조영민 목사 _나눔교회

| 초판 서문 |

이단 사이비를 경계하자고 아무리 외쳐도 이단 사이비에 미혹되는 사람이 여전히 많습니다. 피해 사례도 갈수록 더해지니 이단 관련 저서가 아직은 더 나와도 관계가 없는 시대입니다. 이 책은 몇 가지 목적이 있습니다.

첫째, 이단과 사이비에 대한 이해의 폭을 넓히기 위함입니다. ▲세뇌와 종교 중독으로 본 사이비 종교의 메커니즘 ▲대책의 패러다임 변화 등 한국교회와 사회가 고민해야 할 내용을 담았습니다. 이단 사이비를 교리가 잘못된 집단 정도로만 생각하거나, 사이비에 미혹되는 것이 도무지 이해가 되지 않는다고 말하는 사람들의 이해의 폭을 넓히는 데 도움이 되길 기대합니다.

둘째, 각 단체의 특징을 드러내기 위해서입니다. 어디에서나 찾아볼 수 있는 이단 사이비의 연혁과 교리를 최소화했습니다. ▲신천지가 대형 행사를 개최하는 이유 ▲하나님의교회가 건물을 사들이는 이유 ▲여호와의 증인이 병역을 거부하는 이유 등 각

단체의 특징을 부각시키는 방법으로 기술했습니다.

셋째, 현장에서 활용할 수 있는 실제적 정보들을 제공하기 위해서입니다. ▲간단한 예방법 ▲(신천지가) 교회에서 활동하게 하지 못하게 하려면 ▲가족이 빠졌다면 등의 내용은 현장에서 바로 적용할 수 있습니다.

넷째, 법률적인 정보를 제공하기 위해서입니다. 이단 대책은 교리 비판만으로 이뤄지지 않습니다. 법률적 대응은 이단 사이비 대책에서 빼놓을 수 없는 부분입니다. ▲판결문으로 보는 대처법 ▲신천지 신학원 문제 다시 보기 등은 이단 사이비를 법률적으로 이해하는 데 상당한 도움을 줄 것입니다.

이 작은 책이 이단 사이비를 예방하고 대처하는데 조금이나마 기여하길 소원합니다.

2019년 4월 1일

조믿음 목사

개정증보판의 필요를 느꼈습니다. 저의 가장 큰 관심사인 '사람이 사이비 종교에 미혹되는 이유'를 다루고 싶었습니다. 이단 사이비의 문제는 곧 사람의 문제입니다. 포섭법, 교리 등의 단순한 정보만으로는 근본적인 대책을 할 수 없습니다. 우리는 사람에 더 많은 관심을 가져야 합니다. 2부 '그는 왜 사이비 종교에 미혹되었을까?'를 통해 사람이 사이비 종교에 미혹되는 이유를 몇 가지 측면으로 제시했습니다. 이번 개정증보판이 이 중요한 주제를 논의하는 시작점이 되면 좋겠습니다. 앞으로 관련된 연구가 꾸준하게 이뤄지길 기대합니다.

5부 '문제성 주장'을 통해 신사도운동과 킹제임스성경 유일주의를 추가했습니다. 신사도운동이 어떤 신학적 입장을 견지하는지에 대한 오해가 많아 핵심 사상을 간략하게 기록했습니다. 킹제임스성경 유일주의는 사본학을 공부하지 않은 분들도 쉽게 읽을 수 있도록 핵심만 정리했습니다.

6부 '이단 사이비, 법으로 대처하기'에서는 초판 이후 진행된 몇 가지 사건을 추가했습니다.

『이단백서』가 손에 잡은 분들의 상황에 맞게 도움이 되길 기대합니다.

2023년 1월 3일

조민음 목사

| 차례 |

3부 한국의 이단 사이비

4부 한국에서 활동하는 해외 이단 사이비

5부 문제성 주장

6부 이단 사이비, 법으로 대처하기

7부 교회사 속 이단

| 1부 |

이단과 사이비

이단은 개인이나 사설 단체가 자의적인 기준으로 결의해서는 안 된다.
이단으로 정죄되는 일은 영적 사형선고나 다름없기에
개인의 신학적 잣대로 판단할 문제가 아니다.

이단 사이비 바르게 이해하기

이단과 사이비를 바르게 이해하기 위한 첫 단계는 두 단어를 정의하는 일이다. 두 용어를 혼용하는 경우가 많지만, 각기 고유의 뜻을 가진다. 이단이 종교적 용어라면 사이비는 사회적 용어에 가깝다. 이단에 대한 흔한 오해는 이 용어를 윤리적인 문제와 연결할 때 발생한다. "목사님이 재정을 횡령했어요. 여신도를 성추행했어요. 이단 아닌가요?"라는 질문을 많이 받지만, 이단은 윤리적인 문제와는 별개다.

이단

이단을 뜻하는 영어 단어 heresy는 헬라어 αἵρεσις하이레시스에서 유래했다. 영국 옥스퍼드 위클리프 홀과 런던대학교 킹스칼리지 학장을 지낸 알리스터 맥그라스Alister McGrath는 이 단어에 대해 다음과 같이 지적한다.

"이단이란 단어의 어원에 해당하는 헬라어 하이레시스는 이보다 더 복잡한 변천 과정을 거쳤다. 이 단어는 본래 선택 행위를 뜻하는 것이었으나, 시간이 흐르면서 그 의미가 점차 확대되어 선택, 선호하는 행동 경로, 사상 학파, 철학적 혹은 종교적 분파 등을 가리키게 되었다."[1]

"이단의 문제가 사도 시대에는 중요한 이슈로 등장하지 않았던 것 같다. 사상 자체는 사도 시대에 생겼을지 모르지만, 이단의 성격은 2세기에 가서야 그 모습을 드러냈다. 기독교가 형성되던 그 시기에 기독교 저자들은 헬라어 하이레시스를 라틴어로 옮긴 하에레시스에 아주 특별한 의미를 부여했다. 하에레시스는 더 이상 지적 대안이나 학파를 뜻하는 중립적인 의미를 지니지 않았다. 부정적인 뉘앙스를 강하게 풍기기 시작하면서 그런 견해를 지닌 자들은 교회에서 나가거나 축출되지 않으면 안 되었다."[2]

우리 시대에 이단이라는 단어는 성경과 교리의 왜곡과 오류에 대한 문제로 사용된다. 교회사 속에서 치열한 논의를 통해 정립된 정통신학의 범주를 벗어난 주장혹은 단체, 사람 등을 의미한다. 성경은 이를 '다른 복음'갈1:7이라고 정의한다. 교단 간의 신학적 차이 혹은 성경 몇 구절을 잘못 해석한 정도의 문제가 아니다. 예수님 외에 다른 구원자가 있다고 하거나, 종말의 시와 때를 정한 시한부 종말론을 주장하거나, 삼위일체 하나님을 부정하는 등 기독교의 핵심 교리와 믿음을 왜곡할 때 이단이라고 말한다.

---

1 알리스터 맥그라스(홍병룡), 『그들은 어떻게 이단이 되었는가?』(포이에마, 2011), 63.

2 같은 책, 67.

사이비

사이비의 사전적 정의는 "겉보기엔 비슷한듯하나 근본적으론 완전히 다른 것"이다. 사이비를 사회적인 용어라고 지칭한 이유는 사이비 기자, 사이비 의사, 사이비 과학자 등 종교에 국한해 사용하지 않기 때문이다. 사이비 종교는 종교가 아닌 종교를 빙자한 사기 집단으로 이해해야 한다. 사이비 의사를 의사라고 인정하지 않듯, 사이비 종교 역시 종교로 봐서는 안 된다. 영어에서도 heresy이단 와 구분해 cult광신적인 혹은 pseudo허위의 라는 단어로 표현한다. 사람을 신격화하거나, 특정한 날이나 시점에 종말이 온다고 주장하면 대부분 사이비 종교로 봐도 무방하다.

이단과 사이비 두 단어를 함께 사용해 특정 집단을 '이단 사이비'라고 지칭하는 경우도 있다. 한국 사회에 가장 큰 물의를 일으켜 온 신천지신천지예수교증거장막성전 가 대표적인 예다. 신천지는 잘못된 교리를 전파하는 동시에 학업 포기, 가정파괴 등의 반사회적인 문제를 일으킨다. 이단적 요소와 사이비적 요소가 결합될 때 이단 사이비라고 지칭한다.

이단은 누가 결정하나?

이단은 개인이나 사설 단체가 자의적인 기준으로 결의해서는 안 된다. 이단으로 정죄되는 일은 영적 사형선고나 다름없기에 개인의 신학적 잣대로 판단할 문제가 아니다. 이단 해제도 마찬가지다. 이단으로 결의된 곳을 개인 혹은 사설 단체가 문제없다고 발표해서도 안 된다. 개인 혹은 사설 단체들이 "○○을 이단으로 결의했다." 혹은 "○○을 이단에서 해제했다."라고 발표해 혼란을 초래하는 경우가 있다. 교단 외에 사설 단체의 이단 결의 및 해제는 공신력이 없다. 문제가 많은 단체를 보고만 있어야 한다는 뜻은 아니다. 반기독교적 주장을 펼치거나 반사회적인 문제를 일으키는 인물 혹은 단체 등을 마주한다면 상식적인 선에서 판단하면 된다.

한국의 주요 교단에는 교단마다 명칭이 조금씩 다르지만 이단 사이비대책위원회이대위 가 있다. 이대위에서는 노회 혹은 연회, 지방회 를 통해 헌의된 문제성 단체에 대해 직접 조사하거나, 교단 산하 신학대학교 교수들에게 연구를 맡겨 결과를 보고받는다. 이대위는 연구된 결과를 보고서로 만들어 매년 열리는 총회에서 교단의 리더 격인 총대들에게 보고한다. 총대들은 이대위의 보고를 받고 의견을 수렴해 보고서의 통과 여부를 결정한다. 이단 사이비 관련 결의 내용도 조금씩 다르다. 수위로 따지자면 이단, 사이비, 이단성, 사이비성 등이 가장 높은 수위의 결의다. 집회 참석 금지, 교류 금지 등이 중간 수위, 예의 주시, 더 지켜볼 것 등 낮은 수위의 결의도 있다. 주의할 점은 단체마다 결의 내용이 다르기 때문에 교단이 이단으로 결의했는지, 참여 금지로 결의했는지를 정확하게 확인해야 한다. 참여 금지와 이단은 엄연히 다르다.

총회는 이단으로 결의된 단체를 해제하기도 한다. 전제 조건이 있다. 결의된 단체나 개인이 문제점을 인정하고 회개할 경우다. 개선의 의지를 보이면 재조사를 거쳐 결의를 해제하기도 한다. 하지만 해제만을 노리고 회개한 척, 사상을 바꾼 척 한국교회를 기만한 사례도 있어 해제 역시 꼼꼼한 검증이 우선 되어야 한다. 가문에 흐르는 저주가 있다는 소위 가계저주론을 주장한 이윤호의 경우가 대표적인 예다. 이 씨는 자신의 사상에 문제가 있다고 인정하고 공개적으로 회개한다고 밝혔다. 자신이 담임하는 교회의 주보에 사과문을 게재했다. 이 씨를 의심하는 사람은 아무도 없었다. 예장통합과 예장합신 교단은 2013년 총회에서 이 씨에 대한 참여 금지 결의를 해제했다. 하지만 이 씨는 해제 일 년 만에 동일한 사상을 담은 책을 출간했다. 그럼에도 이후에 이 씨에 대한 재조사는 벌어지지 않았다.

이단 결의와 해제의 문제에서 짚고 넘어갈 부분이 있다. “교단의 이단 결의를 신뢰할 수 있느냐?”라는 우려의 목소리가 높기 때문이다. 이단 문제를 정치적으로 악용하거나, 이단대책위원장 혹은 관련 부서의 직책을 교단 정치를 위한 수단으로 여기는 이들이 있다. 이단 문제를 연구해 본 적도 없는 이들이 관련 직책을 맡기도 한다. 심지어 예장통합은 2016년, 갑작스레 이단들을 심사해 사면하겠다며 대혼란을 일으켰다. 타 교단에서 이단으로 결의한 단체까지 사면하겠다고 밝혀 많은 지탄을 받았다. “교육 후 사면”이 아닌 “사면 후 교육”이라는 이해할 수 없는 결정을 내려 교단 내에서도 큰 반발을 불러일으켰다. 결국 그해 총회에서 이단 해제는 불가하다는 결정이 내려졌고, 이단 해제 시도는 해프닝으로 끝나고 말았다. 이단 결의와 해제는 개인의 영역이 아닌 공교회의 몫이라는 사실은 변함없다. 그러나 교단의 공신력이 날로 떨어지는 안타까운 현실이다.

왜 발생하고 유행할까?

교회 역사 속에서 이단과 사이비가 존재하지 않았던 때는 없었다. 이단 사이비가 발생하는 여러 가지 이유에 대한 논의가 있었다. 무엇이 옳고 그르다고 말하기도, 단순히 몇 가지 원인을 제시하기도 어렵지만, 네 가지 주요한 원인을 꼽을 수 있다. 첫째, 성경 해석의 오류다. 이단 사이비는 성경을 자의적으로 해석하거나 왜곡해 독특한 주장을 펼친다. 계시를 받아 성경을 해석하는 데 새로운 깨달음을 얻었다고 주장하거나, 성경에 감춰졌던 비밀을 알아냈다고 말한다. 베드로는 이런 자들을 염두에 두고 "또 그 모든 편지에도 이런 일에 관하여 말하였으되 그중에 알기 어려운 것이 더러 있으니 무식한 자들과 굳세지 못한 자들이 다른 성경과 같이 그것도 억지로 풀다가 스스로 멸망에 이르느니라"벧후3:16 라고 말했다. 베드로가 말한 대표적인 예가 대부분의 종말론 이단이다. 이들은 성경에 기록된 숫자 혹은 상징이나 비유 등에 지나치게 의미를 부여해 종말의 일자를 알아냈다고 주장했다.

둘째, 시대적 배경이다. 예를 들어 1995년 도쿄 지하철 가스 테러 사건으로 전 세계에 충격을 준 일본의 옴진리교는 1980년 대 일본의 버블 경제 붕괴라는 분위기 속에서 세를 확장했다. 경제 붕괴는 많은 사람을 불안과 공허로 몰아넣었고, 옴진리교는 "생사를 초월한다.", "완전한 해탈을 이룬다."라는 주장을 펼치며 사람들을 미혹했다. 코로나 19로 찾아온 팬데믹은 종말을 빙자해 공포를 조장하는 이들을 재출연 시켰다. 유래 없는 전염병, 도처에서 들려오는 전쟁의 소식, 기후 위기 등의 시대적 상황은 종말을 빙자해 공포심을 유발하기 좋은 소재다. 제칠일안식일예수재림교회 역시 19세기 초반, 미국에서 종말에 대한 분위기가 고조될 때 시한부 종말론을 주장했던 윌리엄 밀러William Miller의 아류에서 시작했다. 셋째, 일부 교회의 타락이다. 이단 사이비는 교회의 잘못된 관행과 연약함을 집요하게 공격하며 자신들의 세를 확장했다. 교회를 지속해서 비판하며 새로운 대안이 될 것처럼 자신들을 포장한다. "이 땅의 남은 유일한 예수 그리스도의 교회", "유일하게 말씀이 살아있는 교회"는 이단 사이비가 사용하는 전형적인 문구다. 넷째, 인간의 악함과 연약함이다. 인간의 욕망이 사이비 종교를 탄생시켰다. 이단 사이비 교주들은 자신이 메시아가 아니라는 사실을 본인이 제일 잘 안다. 대부분 교주가 사기극을 펼치고 있다. 하지만 반대로 극소수의 교주는 자기 암시에 빠져 시대의 구원자요 메시아라는 사실을 믿는 이가 있을 가능성이 있다. 이 부분에 대해서는 2부에서 다룰 예정이다.

나와 상관없는 일인가?

많은 사람이 이단 사이비에 미혹되는 현실이지만, 어떤 이들에게 이 문제는 여전히 무관심한 주제다. 하지만 이단 사이비의 문제에서 자유로운 사람은 없다. 그리스도인이라면 더더욱 그렇다. 적어도 세 가지 이유에서다.

정통신학의 확립: 우리가 믿고 고백하는 교리적 진술은 어디에서 왔을까?

예수님이 제자들에게 가르치실 때, 정통 교리와 이단 교리를 구별해서 말씀하는 모습을 찾기란 쉽지 않다. 예수님이 "이건 정통, 이건 이단"이라고 말씀하지 않았다는 뜻이다. 문제는 시간이 흐르면서 예수님과 사도, 사도적 신앙을 계승한 교부들의 가르침과 성경의 가르침을 고의 혹은 실수로 왜곡하는 이들이 발생했다는 점이다. 잘못된 교훈은 분별력이 부족한 성도를 혼란스럽게 하고, 교회의 통일성을 깨트리는 문제를 발생시켰다. 교회의 지도자들은 가만히 공동체로 들어와갈2:4 다른 복음갈1:6-9을 전하는 자들을 용납하지 않았다. 기독교가 로마의 국교가 된 이후 교리로 인한 특정 집단의 긴장과 대치는 교회를 넘어 한 나라의 질서를 위협할 만한 중대한 문제였다. 황제나 교회의 지도자들은 교회의 신조와 원칙의 일치를 위해 회의공의회를 소집해 잘못된 가르침을 정죄하고 축출하기 시작했다. 동시에 교회가 믿고 고백하는 신앙이 무엇인지 명문화, 체계화하기 시작했다. 니케아 공의회325년, 콘스탄티노플 공의회381년, 에베소 공의회431년, 칼케돈 공의회451년 등이 주요 역사적 공의회다. 이단이 축출되는 과정은 바꾸어 말하면 정통신학이 확립되는 과정이었다. 이단을 살펴봄으로 성도가 믿고 고백하는 교리적 진술이 어떻게 확립되었는가를 확인하고, 잘못된 신학과 성경해석을 되풀이하지 않기 위한 공부를 할 수 있다. 해 아래 새것이 없다전1:9. 오늘날 신천지나 하나님의교회 등이 주장하는 내용들은, 수 세기 전에 발현했던 이질적 주장의 현대적 재현일 뿐이다.

325년 **니케아 공의회(1차)**

아리우스 이단 정죄
아리우스는 "예수는 피조 된 존재로 창조 이전에는 존재하지 않았다."라고 주장했다. 로마 황제 콘스탄티누스는 아리우스의 문제가 로마의 질서를 해칠 수 있다고 판단해 회의를 소집했다.

381년 **콘스탄티노플 공의회(1차)**

아리우스, 아폴리나리우스 이단 정죄
아리우스 논쟁을 종결하고, 예수는 완전한 하나님이지만 사람은 아니라는 아폴리나리우스 주의에 대한 판단을 위해 데오도시우스 1세가 회의를 소집했다.

431년 **에베소 공의회**

네스토리우스 이단 정죄
그리스도의 신성과 인성을 명확하게 구별해야하고, 마리아에 대해 테오 토코스(하나님의 어머니)라는 명칭을 쓰는 것에 반대하는 네스토리우스에 대한 판단을 위해 테오도시우스 2세가 소집한 회의다.

451년 **칼케돈 공의회**

그리스도의 신인 양성 교리 확립
그리스도의 신성과 인성의 문제를 두고 발생한 유티케스의 단성론과 네스토리우스주의에 대한 판단을 위해 동로마 황제 마르키아누스가 로마 교황 레오 1세의 요청으로 소집했다.

680년 **콘스탄티노플 공의회(3차)**

세르기우스 이단 정죄
동로마 제국 황제 콘스탄티누스 4세가 소집했다. 이단으로 정죄된 단성론과 칼케돈에서 채택된 신인 양성 교리 사이의 화해를 꾀한 세르기우스는 그리스도에게 인성과 신성의 두 본성이 있지만 단 하나의 의지만 작용한다는 단의론을 주장했다.

역사적 공의회

밀착형 이단 사이비: 호시탐탐 우리를 노리고 있다.

과거 다수의 이단 사이비가 특정 지역을 성지로 삼거나 은밀하게 집단생활을 했다. 오늘날 이단 사이비는 다르다. 기업, 교육기관, 언론 등을 운영한다. 예를 들어 통일교가 ㈜일화를 통해 생산하는 음료만 해도 수십 가지다. 음료를 생산하는 이단이 통일교만 있는 것도 아니다. 무심코 마트에서 사 먹은 음료 하나가 이단에서 생산한 제품일 수도 있는 시대다. 휴가 때 이용한 리조트가 이단에서 운영하는 곳일 수도 있다. 입학한 대학교가 이단에서 세운 학교이거나, 인터넷에서 습득한 정보가 이단에서 유포한 가짜 뉴스일 수도 있다. 이단 사이비 단체의 미디어 활용은 코로나 이전부터 활발했다. 유튜브, 팟캐스트, 네이버 블로그 등에는 이단 사이비에서 만들어 놓은 콘텐츠가 개신교 콘텐츠보다 압도적으로 많이 노출된다. 또한 언론을 이용해 자신들의 활동을 적극적으로 노출시킨다. 홍보성 기사가 대표적인 예다. 신천지와 하나님의교회는 지역 언론 혹은 메이저 언론과 접촉하며 자신들의 봉사활동을 홍보하는 기사를 쓰도록 만든다. 신도들은 기사를 포섭에 이용하거나 자신들의 정당성을 피력하는데 사용한다. 심지어 자신의 단체에 유리한 기사를 작성하도록 신도들이 조직적으로 여러 언론사에 취업하는 경우도 있었다.

이단 사이비 모태신앙 문제도 심각하다. 어느 정도 세를 갖춘 이단 사이비 단체들은 대부분 세대가 바뀌도록 자신들의 세를 유지하고 있다. 이단 사이비 모태신앙의 증가는 자연스러운 일이다. 삼대 째 특정 이단 사이비 단체를 믿는 경우도 많아졌다. “이단 단체에 소속된 친구가 학교에서 함께 기도모임을 하자고 하는데 어떻게 해야 할까요?", "친한 친구가 생겼는데 알고 봤더니 이단 단체에 소속되어 있어요."라는 질문과 하소연을 청소년들에게 자주 듣는다.

밀착형을 종교적 측면으로 국한해 볼 때, 일부 이단 사이비는 교회 밖이 아닌 교회 안으로 들어와 포섭을 시도한다. 대표적으로 신천지는 "추수꾼"이라 불리는 신도를 교회로 침투시켜 교회를 혼란스럽게 하고 성도들을 포섭한다. 그야말로 '밀착형'이다.

피해자 양산: 대형 사고를 칠 수 있는 시한폭탄 같은 존재

1995년 3월 20일 오전 8시경, 일본 도쿄에서 다섯 개의 전동차 내에 무색·무취의 맹독성 신경가스인 사린가스가 살포되었다. 10여 명이 사망하고 6,000여 명이 중경상을 입은 이 테러는 일본의 사이비 집단 옴진리교의 소행으로 밝혀졌다. 옴진리교는 한때 신도 1만 명에 육박할 만큼 꽤 큰 교세를 자랑했다. 문제는 이들의 교리다. 옴진리교는 일본을 점령해 교주 아사하라 쇼코麻原 彰晃의 독재 국가를 세우겠다고 주장했다. 체제를 전복하겠다는 교리가 테러로 이어진 셈이다. 2014년 5월 28일, 중국 산둥성의 한 맥도날드 매장에서 젊은 여성이 집단 구타를 당해 사망한 사건이 발생했다. 가해자는 중국 최대의 사이비 집단으로 꼽히는 전능하신하나님교회동방번개 신도들이었다. 살해 동기는 여성의 포섭 거부. 어떻게 포섭 거부가 살해 동기가 될 수 있을까? 일반적으로 이단 사이비 신도들은 극단적인 이분법적 사고방식을 견지한다. 사이비는 신도를 심리를 조작해 배타적인 구원관을 형성하도록 만든다. 신도들은 자신들만 참 진리를 소유했다고 믿는 동시에 진리를 방해하는 세력은 마귀일 뿐이라고 믿게 된다. 가족도 예외는 아니다. 신도들이 구타한 대상은 여성이 아닌 마귀다. 이런 사고방식을 가진 동방번개 신도들이 전국에 거점을 마련했다. 교리로 인해 대형 사고를 칠 수 있는 시한폭탄 같은 존재가 버젓이 활동하고 있다. 그 폭탄이 내 옆에, 내 가족 옆에 떨어질 수 있음을 명심해야 한다. 나, 너, 우리가 피해자가 될 수 있다. 일본의 작가 무라카미 하루키村上春樹가 옴진리교에 대해 쓴 책 『언더그라운드』 표지에는 이렇게 적혀있다. "어느 아침 출근길의 비극, 그것은 나일 수도 당신일 수도 있었다."

패러다임의 변화가 필요하다.

한국의 이단 사이비 대책 사역은 이단 사이비를 예방하고 교리를 비판하는 데 초점이 맞춰져 있다. 예방보다 중요한 대책은 없다. 미혹되지 않으면 아무런 문제가 발생하지 않는다. 교리 비판 역시 이단 사이비 단체에서의 탈퇴는 물론 건강한 삶과 신앙인으로서의 정착을 위해 더없이 중요하다. 지금까지 해온 대책은 앞으로도 이어져야 한다. 동시에 이단 사이비 대책의 패러다임은 반드시 변해야 한다. 예방과 교리 비판을 넘어선 시대에 발맞춘 대책이 요구된다. 첫째, 이단 사이비 피해자, 탈퇴자의 전인적 회복을 위한 교육이 필요하다. 청춘을 다 바치고 사이비를 탈출한 이들은 사회를 살아갈 준비를 하지 못한 상태인 경우가 많다. 때로는 충성 경쟁 펼치다 죄를 짓고 감옥에 다녀온 사람도 있다. 이단 사이비 모태신앙의 경우 성인이 되어서야 탈퇴하는 경우도 있는데, 그 중에는 정규 교육을 제대로 받지 못한 경우도 있다. 이들이 건강한 사회의 구성원으로 자리 잡을 수 있도록 재교육하는 시스템이 필요하다. 둘째, 심리·정서 상담이 필요하다. 이단 사이비에 수년간 충성했던 이가 자신이 몸담은 단체가 가짜라는 사실을 깨달았을 때 어떤 마음일까? 말할 수 없는 박탈감, 자괴감, 허무함을 느낀다. 황당한 것에 속았다는 수치심, 단체 안에서 벌인 잘못된 행동 혹은 누군가를 포섭하고 본인만 탈퇴했을 경우 죄책감에 빠진다. 이 사회를 살아갈 준비를 못 했다는 불안에 사로잡히는 이들도 있다. 이단 탈퇴자들이 극심한 우울증에 빠져 고통스러워하다 스스로 목숨을 끊는 사례가 발생하는 이유다. 남편 혹은 아내가 교리 비판을 통해 자신이 몸담은 단체가 허구라는 사실을 깨닫고 그 단체를 탈퇴했다고 가정해 보자. 탈퇴했으니 다행 혹은 이제 이 문제가 해결되었다고 생각한다. 하지만 회복은 이제부터 시작이다. 사이비에 몸담고 있는 동안 부부관계는 처참하게 깨어진 상태다. 교리적 회심이 부부관계를 원만하게 만들지 않는다. 그간 쌓였던 상처를 회복해나가야 한다. 교리 비판을 넘어선 심리·정서 상담 그것도 종교적 이해가 가미된 심리·정서 상담이 필요하다. 셋째, 법률적 지원이 필요하다. 사이비 집단을 벗어나려다 부모에게 감금당해 폭행당하는 사람들, 탈퇴 후 펼친 예방 활동으로 소송을 당하는 사람들, 이혼하라고 가르치는 사이비에 맞서 가정을 지키기 위해 소송 중인 사람들이 있다. 이들의 소송이 개인적인 문제라고 생각하면 오산이다. 이단 사이비와의 법적 다툼에서 승리하면 좋은 선례를 남겨 또 다른 사람들의 대책 활동에 도움이 된다. 반대로 소송에서 지는 순간 대책 활동에 상당한 제약이 발생한다. 끊임없이 이단 사이비를 견제해야 하는데, 좋지 못한 법률적 사례를 남기면 대책에 큰 어려움이 발생한다. 넷째, 미디어 사역자 양성이 필요하다. 이단 사이비 혹은 불건전 단체나 개인이 만들어 놓은 많은 콘텐츠에 비해 건전한 개신교 콘텐츠가 절대적으로 부족하다. 젊은 세대들이 미디어 사역의 중요성을 알고 뛰어들지만 금세 한계를 느끼거나 신학적 깊이를 더하지 못한다. 성도들 스스로가 분별력을 기르는 것이 가장 중요하겠지만, 각종 포털 사이트 및 SNS에 자주 혹은 상위에 노출될 수 있는 콘텐츠를 개발하도록 미디어 사역자들을 위한 한국 교계의 인력 및 재정 지원이 필요하다.

쉽고 효과적인 예방법

나날이 확장되는 이단 사이비의 세와 늘어나는 피해 사례에 비해 예방하는 방법은 의외로 단순하다. 첫째, 이단 사이비의 공식 명칭을 정확하게 알아야 한다. 이단 사이비는 정체를 숨기며 활동하는 동시에 공식 명칭을 사용하는 경우도 많다. 한국의 주요 교단들이 이단 혹은 사이비, 참여 금지, 예의주시 등으로 결의한 단체들의 공식 명칭을 숙지하면 이단 대책에 도움이 된다. 예를 들어 구원파는 공식 명칭도, 한 단체의 이름도 아니다. 세월호 사건으로 널리 알려진 권신찬·유병언 구원파는 기독교복음침례회, IYF, 국제마인드 교육원 등을 앞세워 사람들에게 접근하는 박옥수 구원파는 기쁜소식선교회, 유병언 구원파에서 이탈해 세를 갖춘 이요한 구원파는 대한예수교침례회 혹은 생명의말씀선교회를 공식 명칭으로 사용한다. 성범죄자 정명석을 메시아로 믿는 JMS는 기독교복음선교회가 공식 명칭이다. 해외에서 유입된 이단도 알려진 이름과 공식 명칭이 다른 경우가 많다. 안식교는 제칠일안식일예수재림교회, 모르몬교는 예수그리스도후기성도교회가 공식 명칭이다. 공식명칭을 외워두면 이름을 드러내고 사용하는 단체를 쉽게 분별할 수 있다. 둘째, 각종 위장과 사칭에 주의해야 한다. 이단 사이비는 위장 교회, 위장 동아리 등을 운영한다. 대한예수교장로회 사칭은 기본이고 한국의 주요 교단들의 로고를 도용해 교회 간판을 만든다. 부득이하게 교회를 옮길 경우 간판만 보고 들어가서는 안 된다. 교회의 소속 교단을 확인하고, 교회가 해당 교단에 소속되어 있는지 재확인하는 일은 지나친 처사가 아니다. 대학가의 위장 동아리와 위장 행사는 이단 사이비의 주 포섭 방법이다. 성경공부, 축구, 댄스, 악기 등 가용한 모든 동아리를 만들어 포섭에 활용한다. 이단 신도인 재학생이 강의실을 대관해 이단 신도를 강사로 세워 대학생들이 관심 가질 만한 다양한 주제로 세미나를 개최한다. 행사가 학교에서 진행된다는 이유로 안심하면 안 된다. 참석하는 행사가 학교 측에서 인지하는지, 주최자가 누구인지, 연혁은 어떻게 되는지를 확인해야 한다. 셋째, 설문조사 시 개인 정보를 남기지 말아야 한다. 설문조사는 이단 사이비의 가장 고전적인 포섭 방법이다. 설문조사의 목적은 대상자의 종교, 전화번호, 학교 등 다양한 개인 정보를 수집하는 데 있다. 설문조사가 아니라 신상조사인 셈이다. 설문조사 후 성실히 임해줘서 고맙다는 인사와 함께 설문에 대한 이야기를 더 나누고 싶다며 만남을 유도한다. 넷째, 검증되지 않은 교회 밖 성경공부온·오프라인 에 참석하지 말아야 한다. 각종 위장, 사칭, 만남 등의 끝은 성경공부다. “성경공부가 시작되면 사탄의 방해가 시작되니 가족, 교역자 등에게 비밀로 하라."라는 이야기로 시작되는 성경공부는 참석하면 안 된다. 신천지는 "신천지 같은 이단을 조심해야 한다."라며 성경공부를 시작하기도 했다. 처음부터 이단 사이비 교주를 구원자로 믿는 사람은 아무도 없다. 이단 사이비에 미혹되었다는 말은 그 단체의 교리를 받아들였다는 뜻이다. 그들의 교리를 받아들이게 되는 일은 성경공부를 통해 발생한다. 이단 사이비의 성경공부는 성경을 보는 눈을 바꾸는 작업으로, 성경을 통해 예수님이 아닌 교주를 발견하도록 유도한다. 검증되지 않은 성경공부만 참석하지 않아도 이단 사이비에 미혹될 가능성은 현저하게 떨어진다. 우연한 만남이든, 계획된 만남이든 인간관계를 통해 교회 밖 비밀 성경공부를 시작했다면 당장 멈춰야 한다. 이단 사이비는 인간 대 인간이 만날 수 있는 가용한 모든 방법을 사용한다. "이단 사이비가 이런 방법도 사용하나요?"라는 질문은 의미가 없다. 나날이 교묘해지는 이단 사이비의 포섭 방법에 대한 경각심을 가질 필요는 있다. 하지만 '접근하는 방법'보다 '접근 후의 종착점이 성경공부'라는 사실이 더 중요하다.

공식 명칭으로 이단 예방하기

교회에서 활동하지 못하게 하려면?

신천지는 정통교회를 '추수밭'이라고 부르고, '추수꾼'이라는 성도로 위장한 신천지 신도를 교회로 잠입시켜 교회 안에서 포섭 활동을 펼친다. 분쟁이 있는 교회의 양측으로 들어가 사소한 문제를 키워 갈등의 골을 깊게 만들기도 한다. 신천지가 제작한 「공주지역 추수밭 전도 가이드북」이 유출된 적이 있다. 내용은 충격적 이었다. 가이드북에는 공주지역 대다수 교회의 기본 정보가 수록되어 있었다. 교회의 새벽 기도 참여인원, 교회 분위기가 상세하게 적혀있는 것은 물론, 교회 본당 구조를 그려두고 '골수'라며 그 교회의 믿음이 좋은 성도들이 앉는 자리, '추천'이라며 추수꾼이 앉으면 좋은 자리까지 파악해 놓았다. 공주지역의 가이드북이 유출되어 알려졌을 뿐이지, 신천지는 전국 대다수 교회의 정보를 파악하고 있을 것이다.

'우리 교회에 신천지가 있을 텐데 어떻게 식별하지?'는 목회자들의 가장 큰 고민 중 하나이다. 새 신자가 왔는데 반갑게 맞이하면서도 한편으로는 '신천지 아니야?'라고 의심하는 슬픈 현실이다. 신천지가 한국교회에 입힌 가장 큰 피해 사례다. 식별이 어려운 신천지 신도가 온갖 위장과 거짓말로 교회를 혼란스럽게 하려고 하는 이때 교회가 할 수 있는 일은 무엇일까? 의외로 답은 간단하다. 교회를 신천지가 활동하기 어려운 분위기로 만들면 된다. 어려운 일이 아니다. 이단 사이비 특히 신천지가 교회에 침투하기 전 중요하게 고려하는 지점은 교회가 이단에 대한 경각심이 얼마나 있느냐이다. 최근에 이단 세미나를 한 교회, 이단에 대한 정보를 담은 포스터나 간행물을 주기적으로 제공하는 교회는 침투하는 순서를 뒤로 미룬다. 교회가 매 주일 '이단'과 '사이비'를 외칠 수는 없다. 그러나 여전히 많은 사람이 이단 사이비에 미혹되고, 여러 교회가 이단 사이비로 인해 피해를 입는 현실을 기억할 때, 교회가 성도들에게 이단 사이비 예방을 강조하는 일은 과한 처사가 아니다. 교회에서 이단 사이비의 활동을 예방하는 데 다음의 세 가지만 잘 기억해도 상당한 효과가 있다.

첫째, 이단 사이비 예방 세미나를 주기적으로 개최한다. 한국에는 신천지, 하나님의교회, 구원파, 통일교, JMS 등 수많은 이단 사이비가 왕성하게 활동한다. 외국에서 유입된 이단 사이비도 한둘이 아니다. 이단의 특성과 교회의 책임을 주기적으로 들으면 자연스레 경각심이 생긴다. 이단 사이비 예방은 경각심으로부터 시작된다. 물론 예방 세미나의 내용도 조금씩 바뀌어야 한다. 지금껏 많은 세미나가 이단의 포섭법, 교리, 이단이 생산하는 제품 등의 정보만 나열하는 수준으로 진행되어 왔다. 왜 이단 사이비가 우리 사회에 만연하게 되었는지, 왜 교회를 다니던 사람들이 사이비 종교의 주요 구성원이 되었는지, 피해자, 탈퇴자를 교회가 어떻게 회복시켜야 하는지 등 조금 더 넓은 시각에서 공감할 수 있는 세미나가 필요하다. 이런 이유로 이단 사이비 예방 세미나는 선택이 아닌 필수다. 둘째, 이단 사이비를 알릴 수 있는 포스터, 간행물 등을 비치한다. 최근 많은 교회가 '신천지 OUT' 포스터를 붙이고 이를 부적처럼 여기는 경우가 많다. 신천지 OUT 포스터로는 부족하다. 어떤 이들은 '이단 사이비 출입 금지' 스티커를 붙여야 법률적으로 효력이 있다는 잘못된 상식을 가지고 있다. 이보다 더 적극적인 대처가 필요하다. 이단 사이비의 간략한 정보를 담은 포스터를 부착하고, 이단 사이비 관련 간행물을 비치해 성도들에게 이단과 사이비에 대한 경각심을 심어주어야 한다. 광고 시간을 활용해 이단 사이비에 대한 짧은 영상을 주기적으로 상영하는 것도 하나의 방법이다. 셋째, 교회 밖 비밀 성경공부 모임에 참여하는 성도들이 있는지 주기적으로 점검해야 한다. 추수꾼은 교회 안으로 침투해 교회 밖으로 포섭 대상자를 끌고 나가 성경공부로 유도한다.

위와 같은 방법만 1~2년간 꾸준히 실천하면 교회는 자연스럽게 이단에 대한 경각심이 높아지고, 교회 내 이단 사이비의 활동을 상당히 축소시킬 수 있다. 평소 이단 사이비 문제에 관심이 없다가 자신의 교회에 신천지 문제가 발생하면 신천지 신도를 한 번에 축출하고 싶어 하는 목회자들이 있다. 불가능하다. 이단 사이비의 주요 행사 때 마다 교회에 결석 하는 신자들을 파악하기,

교회에 등록하면서 사진 찍기를 회피하는 이들을 구분하기, 대화 도중 이단이 사용하는 독특한 단어 사용 여부 확인하기, 신천지 의심자 사진을 확보해 탈퇴자에게 확인하기 등 몇 가지 단기적으로 적용할 수 있는 방법이 있다. 하지만 목회 현장에서 현실적인 한계가 있다. 문제가 발생했을 때 해결하려고 하기보다 꾸준히 경각심을 갖고 예방에 힘쓰는 교회로 개선해 나가야 한다. 자동차 바퀴를 점검하지 않다가 주행 중 펑크가 나는 것보다, 주기적인 점검을 통해 안전운전을 해야 한다는 건 상식이다.

가족이 미혹되었을 때 골든타임이 중요한 이유

이단 사이비와 무관하다고 생각하다가 가족이 미혹되었다는 사실을 알게 될 때 당혹스러움은 이루 말할 수 없다. 이때 가족이 해야 하는 초기 대응이 중요하다. 가족들이 처음에 어떻게 대처 하느냐에 따라 회심의 가능성이 좌우된다 해도 과언이 아니다. 이단 대처에도 골든타임이 있다. 물론 이단 사이비에 미혹된 기간이 오래되었다면 회심이 쉽지 않지만 그럼에도 몇 가지 해야 할 일이 있다.

첫째, 어떤 단체에 미혹되었는지 알아야 한다. 신천지, 하나님의교회, JMS, 통일교 등등 한국에는 수많은 이단 사이비가 존재한다. 검증되지 않은 교회 밖 성경공부 모임 참석 금지, 위장 동아리, 위장 교회, 위장 행사 분별하기 등 이단 사이비를 예방하는 방법은 거의 유사하다. 그러나 미혹되면 이야기가 달라진다. 단체마다 나름의 특징이 있어 대처법 또한 조금씩 다르다. 병원에서 병명을 찾기 위해 검사를 하는 것처럼 어떤 단체에 미혹되었는지 확인을 해야 본격적인 대처를 시작할 수 있다. 둘째, 감정적인 대응을 피해야 한다. 가족 구성원의 초기 대응은 미혹된 가족의 회심과 직결된다. 안타깝고 화가 날 테지만, 다그치면 안 된다. 신체적 접촉은 절대 금물이다. 이단 사이비에 빠진 순간, 가족에 대한 극단적인 이분법적 사고가 형성된다. 포섭 대상 혹은 단절 대상. 종교 활동을 방해하면 대적자일 뿐이다. 내가 알던 착한, 순한, 여린 내 자녀, 내 배우자가 아니다. 다그침 혹은 작은 신체적 접촉은 상황을 극도로 악화시킨다. 셋째, 전문 상담소를 찾아야 한다. '전문!' 상담소다. 이단 피해자들을 도구 돈벌이 혹은 야망 성취로 보는 뜨내기 상담소가 있다. 반대로 열정은 있지만, 준비가 덜 된 채 어설프게 행동했다가 법적인 문제를 일으키는 경우도 있다. 피해자들을 두 번 울리는 이차, 삼차 피해가 일어난다. 애초에 공신력 있는 기관에 문의하는 게 가장 좋다. 이단 사이비는 상담소로 가면 "영이 죽는다.", "구원을 잃어버린다."라는 등의 교육을 시킨다. 상담소에 현재 상황을 정확하게 이야기하고 안내에 따라야 한다. 상담소로 갈 때는 가족들이 먼저, 은밀하게 방문해야 한다. 이단 사이비로부터 가족을 구출하기 위해서는 가족이 이단 사이비의 교리는 물론 그들의 생리를 이해해야 한다. 폭넓은 이해가 올바른 대책으로 이어진다. 다만 일부 상담소에서 벌어졌던 가족을 강제로 납치하거나 감금해 상담을 시도하는 일은 지양해야 한다. 넷째, 어설픈 교리 논쟁은 금물이다. 교리적 세뇌와 더불어 개신교 교리를 반박하는 소위 반증 교리를 배운 상태일 경우, 대화가 쉽게 이뤄지지 않는다. 14만 4천이 12×

12×1000이라는 사실을 몰라서 신천지에 미혹된 게 아니다. 성경을 보는 눈이 바뀌어 있어, 정통교리를 들이민다고 회심할 이들이 아니다. 저들의 교리를 정확하게 이해하지 않은 상태에서 진행하는 교리적 논쟁은 혼란만 가중할 뿐이다. 질문이 효과적이다. 생각할 겨를 없이 교리를 주입 당했을 뿐이다. 빈틈을 찾아 생각하게 만들어야 한다. 대다수의 이단 사이비의 교리는 선배 이단 사이비 교주들의 교리를 답습해 현대적으로 재현했을 뿐이다. 짜깁기되거나 급하게 수정된 교리들이 상당수 많다. 변개 혹은 수정된 교리들을 찾아 스스로 생각하도록 질문을 던지는 일이 중요하다. 다섯째, 장기적인 싸움을 염두에 둬야 한다. 상담 한 번 혹은 대화 한 번으로 회심하면 좋겠지만, 가족 간의 대치가 장기화되는 경우가 대부분이다. 가족이 끝까지 믿고 신뢰하며 사랑할 때 회심할 가능성이 발생한다. 이단 대처는 교리 비판과 더불어 법률적 대처, 심리 상담 등 다방면으로 이루어져야 하기 때문에 장기적인 싸움을 싸울 수 있도록 그에 걸맞은 지식과 지혜를 쌓는 일도 중요하다.

| 2부 |

그는 왜 사이비 종교에 미혹되었을까?

"당신의 선택은 잘못되었다."라고 누구나 말할 수 있지만,
"당신은 왜 그 선택을 했습니까?"라고 질문해보면 좋겠다.
해로운 신앙을 형성하기 취약한 환경에 놓인 사람들을
돌보고 회복에 도움을 주는 일 또한 중요한 이단 사이비 대책이다.

부족한 경각심

“이해가 안 된다.”

사이비 종교에 미혹된 모습을 본 사람들의 한결같은 반응이다. 성범죄를 비롯해 온갖 범죄를 저지른 이를 시대의 구원자로 믿거나, 자신의 전 재산을 바치는 행위는 이해하기 어렵다. 문제는 이해가 안 된다고, 비상식적이라고 치부하는 사이비 종교로 인한 피해가 지속해서 발생한다는 점이다. 여전히 많은 사람이 사이비 종교에 미혹되어 인생을 망치고 있다. 그중에는 고학력자들, 전문직에 종사하는 이들도 많아 우리를 당혹스럽게 만든다. 우리는 이 문제를 어떻게 이해해야 할까? 지금까지 한국 교회와 사회는 사람을 미혹하는 사이비 종교에 집중했다. 포섭법, 교리, 범죄 행위 등을 알려 예방에 힘써왔다. 중요한 일이다. 하지만 충분하진 않다. 사람을 미혹하는 사이비 종교와 함께 사이비 종교에 미혹되는 사람에 대한 이해가 필요하다. 어떤 이들이 사이비 종교에 미혹되었는지, 누가 사이비 종교 신도들의 접근에 취약했는지 말이다. 사이비 종교에 미혹된 이들에게 "당신의 선택은 잘못되었다."라고만 말하지 말고, "당신은 왜 그 선택을 했습니까?"라고 질문해 보면 어떨까? 이번 장에서는 사람이 사이비 종교에 미혹되는 이유를 다양한 관점으로 살펴보고자 한다.

보이스 피싱과 사이비 종교의 공통점

보이스 피싱과 사이비 종교는 유사점이 많다. 이 둘의 공통점은 바로 '사기'다. '누가', '얼마나', '정교하게' 사람의 마음을 사고 속였느냐의 문제다. 보이스 피싱을 예로 들어 사이비 종교의 문제를 설명할 수 있다. 보이스 피싱 범죄 수법이 많이 알려지고 경각심이 높아져서 피해가 줄었다고 생각하지만 그렇지 않다. 여전히 한국은 한 해 평균 수 천 억대의 보이스 피싱 피해가 발생하는 국가다. 경찰청의 발표에 따르면 2017년 2,470억 원에서 2021년 7,744억 원에 이르기까지 한 해도 보이스 피싱 피해액이 줄어든 적이 없었다. 정보력이 뛰어나다는 20-30대도 보이스 피싱 피해에서 예외가 아닌 현실은, 보이스 피싱 범죄 수법이 날로 교묘해지고 있음을 방증한다. 코로나가 창궐하던 시기, 많은 자영업자들이 영업제한으로 어려움을 겪었다. 이 같은 상황에서 대출 관련 보이스 피싱이 유행했다. 은행에서 발송하는 것 같은 저금리 대출, 사업자 지원 대출 등의 안내 문자가 기승을 부렸다. 당장 내일 몇 달 치 월세를 내야 하는 상황이 판단력을 흐리게 만들었고, 순간 잘못된 판단으로 이어지는 경우가 많았다.

사이비 종교도 마찬가지다. 결말은 황당하고 허무맹랑하지만, 끝이 아닌 과정이 중요하다. 소위 위장 포섭, 모략 포섭이라고 하는 신천지의 교묘한 포섭 방식은 많은 사람을 속여 20만 명 이상의 세를 갖게 된 원동력이 되었다. 그래서 사이비 종교에 대한 예방은 경각심에서부터 시작된다는 말이 생겼다.

"정신을 차리고 주의 깊게 살피어 경계하는 마음"은 경각심의 사전적 정의다. 우리는 이단, 사이비에 대한 경각심이 있을까? 나는 일전에 출연한 한 TV 프로그램에서 "한국교회는 신천지에 대한 경각심이 없다."라고 밝힌 적이 있다. 교회가 신천지 아웃을 외치고, 이단 세미나라는 타이틀로 신천지 대책 세미나를 하고, 코로나 유행 초반 신천지가 온 국민에게 알려진 상황이었음에도, 여전히 신천지에 대한 경각심이 없다고 말했다. 이단 사이비에 대한 경각심은 그 단체의 정확한 실체를 아는 것으로 부터 시작된다. 많은 사람이 신천지를 잘 안다고 생각하지만 정말 그럴까?

경각심이 필요해

신천지 교리를 안다고 신천지를 아는 것이 아니고 신천지의 포섭법을 안다고 해서 신천지를 아는 것도 아니다. 두 가지 측면에서 생각해 보자.

첫째, 지금까지 신천지 관련 대책에서, '왜 신천지에 미혹되었는가?'에는 별로 관심이 없었다. 신천지에 미혹된 사람의 다수가 교회를 다니던 사람들이다. 이 문제에 대해 대부분은 '잘 이해가 되지 않는다.'라며 넘어간다. 교회가 별다른 대답을 내놓지 않자 신천지는 자신들의 말씀이 진리라서 그렇다며 신도들을 규합하고 단속한다. 많은 교회가 신천지 교리를 비판하고 신천지 관련 세미나를 했다. 그런데도 왜 사람들은 신천지에 미혹되었을까? 이 질문에 대한 대답은, 신천지를 구성하는 사람들을 이해하기 시작할 때부터 내놓을 수 있다. 신천지는 신천지 신도라는 구성원으로 이뤄진 단체다. 신천지를 안다고 말하려면 신천지 구성원들을 알아야 한다. 구성원들의 사고방식을 이해할 때 신천지라는 단체가 어떻게 형성되어 체제를 유지하는지 살피고 더 나은 예방과 대책을 할 수 있다. 둘째, 신천지 아웃을 외치면서도 신천지의 무법하고 불법한 사안에 대해서는 별로 관심이 없다. 교리 비판도 중요하고, 포섭법을 알고 예방하는 일도 중요하다. 하지만 그게 다가 아니다. 신천지는 현행법을 위반하는 사례가 많기 때문에 법률적으로 제재를 가할 수 있다. 법과 원칙이 적용되면 신천지는 존립이 불가하다는 말이 있다. 그만큼 무법한 곳이 신천지다. 특정 종교계만 나선다면 좋은 대책이라고 할 수 없다. 건강한 이단 사이비 대책을 위해서는 사회적 공감대를 형성해야 하는데, 법률적인 접근은 사회적 공감대 형성에 좋은 도구다. 신천지의 무법하고 불법한 행위에 대한 체계적인 문제 제기는 교리 비판으로 이뤄지지 않는다. 이런 부분에 대한 집중 없이 "사이비종교특별법을 제정해야 된다."같은 현실 불가능하고 뜬구름 잡는 이야기가 지난 몇 년간 대책이라는 이름으로 진행되는 현실이라 안타깝다.[1] 한국교회가 그나마 집중한다는 신천지에 대한 대책이 이런 상황이니, 일명 JMS라고 불리는 기독교복음선교회, 하나님의 교회세계복음선교협회 등에 대해서는 거의 대책이 되지 않는다고 해도 과언이 아니다. "JMS가 아직도 있어?"라고 질문하는 이가 많다. 지역 사회에 침투해 청소년, 청년들에 관련된 프로그램들을 진행하며 미혹의 손길을 뻗치는 현실임에도 말이다. 그래서 사이비 종교는 마치 보이스 피싱처럼, 잘 안다고 말하면서도 여전히 피해를 입으며 사태 파악조차 못하는 아이러니한 문제다.

경각심이 필요하다. 청소년 중독의 문제로 예를 들면 경각심을 이해하기 쉽다. 청소년, 청년들에게 술과 담배, 약물은 나쁘니 하지 말라고 이야기하는 건 예방효과가 없다. 위험성을 정확하게 인지시켜주지 않으면 예방에 도움이 되지 않는다. 단순히 나쁘다고 들은 것과 위험성을 정확하게 아는 것은 큰 차이다. 위험성을 잘 모르니 자연스레 경각심이 사라지고, '내가 조절하면서 할 수 있다.'라는 위대한 착각에 빠져 자신도 모르게 중독자로 변해간다. 사이비 종교도 동일하다. 많은 탈퇴자들이 "내가 미혹될 줄 몰랐다.", "사이비에 미혹된 사람들을 정죄해 왔는데, 어느 순간 내가 미혹되어 있더라."라고 말한다. 부족한 경각심은 사이비에 미혹된 사람들의 대표적인 공통점이다.

1 사이비종교특별법 관련해서는 212페이지 참고

심리 조작이었다.

일본의 정신과 의사 오카다 다카시岡田 尊司는 『심리 조작의 비밀』에서 사이비 종교에 미혹되는 사람, IS나 알카에다 같은 극단적 무장 이슬람 단체에 가입하는 이들이 심리 조작을 당했다고 진단했다. 이 책에서는 심리 조작을 당하기 쉬운 사람들의 유형을 분석했다.

첫째는 자신을 과소평가하고 타인에게 의지하는 성향인 의존성 인격장애다. 주체적이기보다는 다른 사람에게 의존하고 혹 상대방의 눈치를 굉장히 많이 보는 사람들이 있다. 특별히 오카다 다카시는 일본의 대표적인 사이비 종교였던 옴진리교의 신도들에게서 볼 수 있는 특징은 우유부단함과 의존심이라고 전했다.[2] 좋게 이야기하면 상대방을 향한 배려심이 많다고 할 수 있지만, 나쁘게 적용하면 거절을 못 해서 손해를 보는 경우가 많은 사람

2 오카다 다카시(황선종), 『심리조작의 비밀』(어크로스, 2017), 79.

들이다. 어릴 적 자신을 지나치게 억제하고 다른 사람의 눈치나 기분을 살피면서 살아온 사람들이 의존성 인격장애를 가질 확률이 높아진다고 이 책은 말한다.[3] 현대 사회에서 부모가 아이의 삶에 지나치게 간섭하고, 아이는 과하게 부모의 눈치를 살피며 자라는 경우, 이런 성향을 가지게 될 수 있다. 특히 부모의 학대 혹은 과잉은 아이의 건강한 성장을 방해하는 대표적인 요소다. 둘째는 피암시성이다. 문자 그대로 타인의 암시에 빠지는 성질을 말한다. 쉽게 표현하면 수동적이고 무비판적으로 정보를 수용하는 성향을 의미한다. 주체적이기보다는 수동적인 성격을 가진다. 이 역시 의존성이 강한 성격의 사람이다. 사이비 종교 교주의 공통점은 헛소리를 자신감 있게 하는 데 있다. 신도들은 헛소리에 반응하지 않는다. 교리적 정확성보다 중요한건 확신에 찬 교주의 모습이다. 말이 안 되는 이야기를 내뱉은 교주의 모습이 언론을 통해 공개되었을 때, 사람들은 '이제 저 단체는 망했구나.'라고 생각한다. 하지만 단체는 굳건하게 유지된다. 신도가 반응하는 지점이 다르기 때문이다. 반대로 타인의 이야기를 듣고, 분별하려는 사람은 심리 조작에 잘 걸리지 않는다는 뜻이기도 하다. 세 번째는 불균형한 자기애다. 오카다 다카시는 불균형한 자기애를 이상과 현실의 괴리로 인해서 내면이 항상 불안정한 상태라고 설명한다.[4] 이상은 높은데 현실이 그렇지 못하니 그 사이에서 괴로워하고 갈등하는 사람들이 있다. 자신을 있는 그대로 사랑하지

3 같은 책, 79.

4 같은 책, 96.

못하고 자존감이 낮아진다. 간극이 벌어진 상태를 메우려는 시도를 하지만 상처만 커진다. 그러다가 사이비 종교 교주나 혹은 신도의 확신에 찬 모습에 매료되는 경우가 있다. 단체에 소속되어, "14만 4천 명 안에 들어간다.", "인 맞았다."라는 그들의 표현 방식으로 인해 선민의식을 가지게 된다. 수만 명이 일사불란하게 움직이는 대형 행사 등에 참석하게 되면서 심리 조작을 당하게 된다. 네 번째는 스트레스와 고립감이다. 남아프리카 출신의 심리학자 라자루스Arnold Allan Lazarus는 스트레스를 "인간의 심리적인 혹은 신체적으로 감당하기 어려운 상황에 처했을 때 느끼는 불안과 위협의 감정"이라고 정의했다. 마음이 절대적으로 약해진 상태다. 이럴 때 심리 조작에 취약하다는 것은 당연한 이치다. 많은 청년이 사이비에 미혹되는 사실은, 헬조선, N포 세대 등의 용어가 사용되는 오늘날 사회 현상과 무관하지 않다. 고립감도 동일하다. 의지할 곳을 찾는 사람들의 심리를 사이비 종교는 잘 이용한다. 물리적인 고립이 있을 수도 있다. 가령 길거리에서 사이비 종교가 접근할 때는 한 명이 두세 명에게 오지 않는다. 두세 명이 한 명에게 접근한다. 고립된 상황을 만들기 위해서다.

코로나 이후 사람과 사람이 정상적으로 교류할 수 없게 된 상황은 우울증, 중독자 급증이라는 결과로 나타났다. 유례없는 전염병, 세계 곳곳에서 벌어지는 전쟁과 기상 이변 등은 종말을 빙자해 공포를 조장하는 이들의 재출현을 불러왔다. 유튜브에 떠도는 백신 음모론, 한국을 떠나 새로운 도피처로 피해야 한다는 등의 주장에 미혹되는 사람들이 발생했다. 일본의 옴진리교가 세를 키울 수 있었던 배경이 일본의 경제 붕괴였다는 사실을 잊어서는 안 된다. 사람은 자신이 처한 환경에 절대적인 영향을 받는다. 사이비 종교에 미혹된 사람은 어떤 환경에 놓여있던 이들인가? 그들은 왜 심리 조작을 당했을까? 이 고민을 놓치지 말아야 한다.

해로운 신앙의 형성

사이비 종교 신도들은 포섭을 위해 존재와 관계로 다가온다. 코로나 이후 신천지가 자신의 정체를 드러내고 당당하게 포섭을 한다지만 엄밀히 따지면 별 효과가 없다. 사이비 종교는 여전히 자신의 정체성을 숨기고 좋은 사람으로 다가온다. 특히 인간관계에 있어 결핍을 느끼는 이들은 관계에 기초한 사이비 종교 신도들의 접근에 매력을 느낀다. 미국의 기독교 상담기관인 뉴라이프 클리닉의 설립자 스티븐 아터번Stephen Arterburn은 잭 펠톤Jack Felton과 함께 저술한 『해로운 신앙』에서 해로운 신앙에 미혹되기 취약한 자들이 가지는 네 가지 공통점을 언급한 바 있다.

첫째, 엄한 부모 밑에서 자란 이들이다. 저자는 엄한 부모 밑에서 성장한 아이가 성인이 되면 엄격한 형식을 신봉하는 사람들에게 끌리게 된다고 지적한다. 사람은 익숙한 것에 편안함을 느끼는 습관의 동물이라고 말한다. 이런 환경에서 자란 사람들은 중독적인 종교 체계에 쉽게 영향을 받거나 해로운 신앙을 전파하는 지도자를 따를 수 있다고 밝힌다. 어릴 적 엄격한 아버지 밑에서 자랐던 사람들이 모든 것을 지시하고 통제하는 교주에게 빠지기 취약하다는 의미다.[5] 두 번째는 실망 경험이다. 어린 시절 부모가 돌아가셨거나 부모에게 버림받은 경험이 있는 사람들의 경우는 '또 버림받지 않을까?', '또 아픔이 찾아오지 않을까?'라는 두려움에 사로잡히기도 한다. 상실과 실망이 가득 찬 사람들에게 사이비 종교 신도들의 친절과 호의는 매력적이다. 받아주기로 약속하는 집단에 매력을 느끼고 애착을 가지게 된다고 지적한다.[6] 세 번째는 낮은 자존감이다. 자존감이 낮은 사람들은 고립되고 소외되었다고 느낀다.[7] 그래서 어디에든지 소속되어 안정감을 추구한다. 사이비 종교 신도들의 결집은 굉장한 소속감을 제공한다. 어느 정도 규모가 있는 단체일수록 대형 행사들을 자주 기획하고 진행하는데, 신도들은 이때 소속감을 느끼게 된다. 많은 탈퇴자들이 "이렇게 많은 사람이 함께 있는데 가짜일 리 없다."고 고백했다. 네 번째는 학대 피해자다. 어린 시절의 신체적, 정신적 학대는 성인이 되어 더 큰 희생을 불러온다고 책은 지적한다. "특별히 아버지의 대체 인물인 성인 친구의 관심으로 인해서 더 많은 관심에 대한 열망과 다시 희생될 수 있다는 취약성이 생겨난다. 학대당한 성인 아이는 구세주를 갈망하다가 다시 희생자가 되는 일은 반복한다."[8]

---

5 스티븐 아터번(문희경), 잭 펠톤, 『해로운 신앙』(그리심, 2017), 79.
6 같은 책, 36.
7 같은 책, 37.
8 같은 책, 39.

사회역학Social Epidemiology이라는 학문이 있다. 사회의 구조와 시스템이 개인의 질병에 어떤 영향을 미치는 가를 연구하는 학문이다. 고려대학교 보건과학대학의 김승섭 교수는 사회역학을 "질병의 사회적 원인을 찾고, 부조리한 사회구조를 바꿔 사람들이 더 건강하게 살 수 있는 길을 찾는 학문"[9]이라고 정의한다. 로세토 마을 이야기는 사회역학을 이야기 할 때 자주 인용되는 사례다. 미국 펜실베이니아에 위치한 로세토 마을은 이탈리아 이민자들의 공동체였다. 1960년 대 이 마을에서는 한 가지 특이한 점이 발견되었는데, 다른 지역에 비해 심장병 사망률이 현저하게 떨어진다는 점이었다. 특히 주변에 위치한 또 다른 이탈리아 이민자 마을인 방고와 같은 병원을 이용하고, 같은 물을 사용하는데, 로세토의 심장병 사망률은 방고의 절반도 되지 않았다.[10] 로세토의 심장병 사망률에 대한 연구는 여러 논쟁을 거치며 수십 년간 이뤄졌다. 그렇게 내려진 결론. 로세토의 사람들은 어려움을 당한 사람을 그냥 내버려 두지 않았고, 어려움을 당했을 때 마을 공동체가 자신을 보호해줄 것이라는 확신을 가지고 있었다고 한다. 하지만 현재 로세토 마을은 다른 지역과 비교해 심장병 사망률에 큰 차이를 보이지 못한다. 로세토를 지탱했던 공동체성이 깨어졌기 때문이다.

사이비 종교의 문제는 하나의 현상으로 이해할 필요가 있다. 우리 사회와 교회가 건강하지 못해 발생한 역기능적 현상으로 말

9 김승섭, 『아픔이 길이 되려면』(동아시아, 2022), 5-6.

10 같은 책, 288.

이다. 물론 사이비 종교에 미혹된 이들 모두가 위에서 언급된 네 가지 유형에 국한 된다는 뜻은 아니다. 하지만 주된 요인이라는 점은 부인할 수 없다. 사이비 종교에 미혹되는 일은 일차적으로는 개인의 책임이지만, 전적으로 개인의 책임으로 치부할 수는 없는 이유다. “당신의 선택은 잘못되었다.”라고 누구나 말할 수 있지만, “당신은 왜 그 선택을 했습니까?”라고 질문해보면 좋겠다. 해로운 신앙을 형성하기 취약한 환경에 놓인 사람들을 돌보고 회복에 도움을 주는 일 또한 중요한 이단 사이비 대책이다.

그루밍 성범죄와 사이비 종교

그루밍grooming은 마부가 말을 빗질하고 목욕시켜 깨끗하게 만든다는 데서 유래한 단어다. 주로 동물의 털을 손질하거나, 단장할 때 사용해왔다. 이 단어가 최근 몇 년 전부터 성범죄 관련 용어로 많이 사용되고 있다. 그루밍 성범죄란 가해자가 피해자로부터 깊은 신뢰 관계를 얻어 심리적으로 종속관계를 만든 다음 성폭력을 행사함을 의미한다. 미국의 법정신의학박사인 마이클 웰너Michael Welner는 그루밍 성범죄가 이뤄지는 6단계 개념을 제시했다. ①대상자 고르기, ②신뢰 얻기, ③욕구 충족, ④고립시키기, ⑤성적 관계, ⑥회유 및 협박

가해자는 대상자부터 찾는다. 마구잡이로 고르지 않는다. 기간을 두고 대상자의 정보를 파악한다. 취약점이 명확하게 눈에 띌수록 좋다. 이후 대상자에게 접근해 욕구를 충족시켜주며 신뢰를 얻는다. 가해자는 대상자와 둘만 있거나 특별관 관계를 형성할 수 있는 상황을 자주 연출해 자신의 통제권에서 벗어날 수 없도

록 고립시킨다. 대상자가 가해자를 신뢰하고 깊이 의존하면 신체 접촉이 시작된다. 잦은 신체 접촉은 결국 성관계로 이어진다. 가해자는 이 모든 과정을 피해자가 자연스럽게 받아들일 수 있도록 유도한다. 대상자가 피해 사실을 인지했을 때, 가해자는 "주변에 알리겠다."라고 협박하거나, 회유를 통해 통제하며 관계를 유지한다. 그루밍 성범죄 과정은 사이비 종교의 포섭 과정과 닮았다. 순서만이 아닌 사람의 심리를 이용하는 지점까지 유사하다.

먼저 대상자 고르기다. 포섭 대상자의 등급을 나누는 일은 사이비 종교 신도들의 포섭 과정에서 흔히 볼 수 있다. 신도들은 포섭 대상자를 A, B, C 등급으로 나눠 잘 될 것 같은 사람과 잘되지 않을 것 같은 사람으로 구분한다. 경각심이 부족한 사람은 물론, 앞에서 언급한 심리 조작에 취약한 사람, 가정환경 혹은 삶의 문제가 있어 불안, 공허, 결핍이 있는 사람이 A급으로 분류된다. 다음은 두 번째와 세 번째 단계인 욕구 충족을 통한 신뢰 얻기 단계로 이어진다. 신도는 포섭 대상자의 필요를 채워주며 신뢰 관계를 쌓는다. 가족 혹은 자신이 속한 공동체에서 받아야 할 사랑과 돌봄을 받지 못한 사람일수록 사랑을 베풀어주는 것처럼 보이는 사이비 종교 신도의 접근에 취약하다. 관계는 사이비 종교에 미혹되는 중요한 요인이다. 좋은 말이 아닌 좋은 사람의 말을 듣는다는 이야기가 있다. 사이비 종교의 교리를 처음부터 믿는 사람은 없다. 하지만 깊은 신뢰 관계를 가진 사람이 제시하는 성경 공부 혹은 그에 준하는 모임을 거절하기란 어렵다. 교리를 전하는 사람이 나에게 좋은 사람으로 인지되어 있다면, 교리를 믿게 되는 진입장벽 또한 낮아진다. 사이비 종교에 미혹되는 진입로에서 관계는 교리보다 훨씬 강력하게 작용한다. 교리가 틀렸다고 해도 사람이 좋아서 사이비 종교에 남아있겠다는 사람이 속출하는 이유다. 이후 네 번째 단계와 다섯 번째 고립시키기 및 성관계로 이어진다. 그루밍 성범죄의 네 번째, 다섯 번째 단계인 고립시키기와 성관계는 본격적인 세뇌 성경공부 모임으로 볼 수 있다. 포섭 단계에서 벌어지는 성경공부는 대부분 비밀리에 이뤄진다. 많은 사이비가 "성경공부가 시작되면 사탄의 방해가 시작되니 비밀로 하라."라고 강조한다. 짧게는 수개월, 길게는 일 년까지 집중적으로 성경공부를 시킨다. 사이비 종교의 성경공부는 성경을 보는 눈을 바꾸는 작업이며, 자신들의 교주를 발견하는 과정이다. 이제 마지막 단계인 협박과 회유로 통제하는 지점에 이른다. 대다수 사이비 종교는 신도의 온·오프라인을 통제한다. 인터넷을 선악과라고 가르쳐 정보를 차단하거나, 같은 믿음을 공유하지 않는 가족과 "갈라지라."라고 종용하기도 한다. 온·오프라인을 통제할 때도 "구원을 박탈당하지 않으려면"이라는 단서를 달아 두려움을 유발한다. 신도가 단체를 탈퇴하지 못하는 가장 큰 이유는 '두려움' 때문이다. 두려움은 의존을 낳는다. 두려움을 피하려고 하든, 해결하려고하든 신도는 자신의 두려움을 해결해 줄 것처럼 보이는 교주의 가르침에 더욱 빠져든다.

한 가지 짚고 넘어가야 할 지점이 있다. 그루밍 성범죄 피해자들을 향해 "분별하지 못한 너의 책임"이라고만 정죄하지 않는다. 그루밍의 과정을 이해하고 가해자의 비윤리적이고 부도덕한 행실을 알기 때문이다. 그루밍 성범죄의 단계와 닮아 있는 사이비 종교의 포섭 과정을 이해한다면 신도 혹은 탈퇴자들에 대한 시각의 변화를 꾀할 수 있지 않을까?

세뇌:
사상개조는 어떻게 이뤄질까?

세뇌는 저널리스트 에드워드 헌터Edward Hunter가 처음 사용한 용어로 알려져 있다. 그는 중국이 전쟁 포로들을 상대로 진행한 사상 개조의 모습을 접하고 "brain washing"이라고 표현했다. 일본의 뇌기능 과학자 도마베치 히데토苫米地英人는 "세뇌라는 가상 현실의 세계는, 주관적으로 넋을 잃고 몽상 공간을 혼이 떠다니고 있는 것 같은 상태이다. 동시에 객관적으로는 치밀하게 계산된 허구의 세계에 감금된 상태"[11] 라고 세뇌를 정의한다.

나치들을 도운 의사들과 히로시마 원자 폭탄 폭격 생존자 등에 대한 연구로 유명한 미국의 정신과 의사 겸 작가 로버트 제이 리프턴Robert Jay Lifton은 그의 대표작 *Thought Reform and the Psychology of Totalism*에서 사람의 사상을 개조하는 방법을 정리한 바 있다. 이 책은 중국의 강제 수용소에서 사상 개조를 당한

11 도마베치 히데토(이늘), 『세뇌의 법칙』(진경시대, 2003), 17.

경험이 있는 중국인 25명과 서양인 15명을 면담한 결과를 정리한 책으로, 중국 정부가 사용한 세뇌의 방법과 과정을 밝히고 있다. 리프턴은 이 책에서 사상을 개조하는 데 사용된 중요한 여덟 가지 방법을 나열했다.

①통제 ②신격화 ③순수성 요구 ④자기비판 ⑤성스러운 과학으로서의 의심하지 않는 이념 정립 ⑥언어통제 ⑦개인보다 높은 위치의 이념 ⑧생존 불허

오카다 다카시도 『심리 조작의 비밀』에서 리프턴이 밝힌 내용들이 파시즘이나 사이비 종교와 매우 유사하다며, "리프턴이 이 책에서 경고한 일은 비인도적이고 획일적인 심리 조작을 방지하는 방향으로 활용되지 못하고 그 뒤 수많은 컬트 종교에서 재현되게 된다."[12] 라고 지적한다. 중국 정부가 사상개조를 위해 사용한 방식은 사이비 종교가 신도들의 사고 형성에 개입하는 과정과 거의 일치한다.

통제

리프턴은 유일한 정치적 도그마를 절대적으로 받아들이게 하기 위해 사상 개조에 방해가 될 수 있는 정보, 사람과의 접촉을 통제한다고 말한다. 온·오프라인을 통제하는 일은 사이비 종교의

12 오카다 다카시(황선종), 『심리조작의 비밀』(어크로스, 2017), 197.

전형적인 모습이다. 정확한 정보를 확인할 수 있는 인터넷을 선악과라 지칭하고 영이 죽는다는 말로 사용하지 못하게 만드는 경우가 있다. 육신의 가족보다 영의 가족이 소중하다며 가족 간의 관계 혹은 지인들과의 관계를 끊도록 유도한다. 더 나아가 집단생활을 종용함으로 외부와 차단시킨다. 신도들은 터널 비전 혹은 터널 시선 현상에 빠지게 된다.

신격화

전체주의는 체제 혹은 지도자를 신격화해 신비한 존재로 인식하게 만든다. 사이비 종교도 마찬가지다. 교주는 신격화의 대상이다. 신 혹은 신의 대리인으로서 사람들에게 특별한 존재로 인식된다. 사람을 신격화 시키는 과정에서 빠지지 않는 단계는 신비성을 부여하는 일이다. 전체주의의 사상 개조 과정에서도 신비한 인물은 처음부터 등장하지 않는다고 한다. 사이비 종교도 똑같다. 사이비 종교의 성경공부 과정의 핵심은 교주를 찾아가는 과정이다. 선생님, 특별한 분, 계시자, 사명자, 시대의 구원자 등으로 대상을 격상 시키며 신비한 존재로 부각시킨 후, 세뇌가 마무리되었을 때 교주를 드러낸다. 한 사이비 종교의 탈퇴자는 "선생님이 있다는 이야기만 몇 달을 들었다. 그가 너를 알고 있으며 때가 되면 만나게 될 것이라고 반복했다. 어느 순간부터 선생님을 만나고 싶다는 생각이 들었다."라고 고백했다.

순수성 요구

리프턴에 따르면 전체주의 이데올로기는 극단적인 이분법적 사고방식을 주입한다. 이분법적 사고방식은 사이비 종교가 존립할 수 있는 여러 가지 요인 중 하나다. 외부의 적을 명확하게 설정해 신도들을 규합하고, 완전한 선과 완전한 악만 존재한다고 믿게 만든다. 완전한 선은 자신들의 체제다. 자신들이 완전한 선이기에 선한 자신들을 대적하는 모든 것을 악으로 규정한다. 자신들로부터 구원과 영생을 찬탈하려는 악을 싸잡아 성경을 빌어 '마귀 혹은 사탄'라고 표현한다. 이를 가족에게도 예외 없이 적용한다. 실제 사이비 종교 신도들의 일기를 보면 자신의 믿음을 방해하는 가족들을 마귀라고 표현하기도 한다.

사이비 종교에 미혹된 부모의 영향으로 해당 단체에 출석하던 자녀가 있었다. 어느 날 자신은 더 이상 이 단체에 몸담을 수 없다고 말했고, 그 순간 방에 감금당해 부모로부터 폭행을 당했다. 생명의 위협을 느낀 자녀는 단체에 남아있겠다고 말했고 부모는 그제야 폭행을 멈추고 "네 몸에서 마귀가 나갔다."라고 말했다.

자기비판

자기비판은 자신을 성찰하는 순기능이 있지만 과할 경우 문제가 발생한다. 사상 개조에서 자기비판은 불순한 자신을 정화하는 도구로 사용된다. 끊임없는 자기비판을 통해 자신이 죄 많은 존재라고 인식하는 동시에 자연스럽게 선의 궁극이라고 규정된 체제에 순응하게 된다. '죄책감'이라는 굴레를 씌워 그 문제를 해결할 수 있는 존재는 교주밖에 없다고 세뇌하기 위해 사이비 종교 역시 자기비판이라는 도구를 과도하게 사용한다.

불건전한 종말론을 주장하는 이들은 "깨어 시대를 분별해야 한다.", "하나님을 더 사랑해야 한다."라는 말을 가장 많이 한다. 당연한 말이다. 문제는 전달 방식에 있다. 이 당연한 말을 과도하게 정죄하며 전한다. 신도에게 엉뚱한 방식으로 작용하는 가장 큰 이유가 된다. 이 메시지를 들은 신도는 자신을 시대를 분별하지 못하는 사람, 하나님에 대한 사랑이 부족한 사람으로 인식하고 교주를 자신보다 더 나은 존재로 믿고 따르게 된다. 상대의 정죄를 듣고 자신을 무능력한 존재로 인식하게 되는 가스라이팅이 이뤄진다.

성스러운 과학으로서의 의심하지 않는 이념 정립

리프턴은 사상의 개조를 위해 '이념'을 의심할 수 없는 성스러운 과학으로 격상시킨다고 말한다. 이념을 종교인 동시에 과학이 되도록 만든다는 뜻이다. 신성한 과학이 된 이념은 침범할 수 없는 영역이 된다. 심리 조작을 당한 사이비 종교 신도들에게 교주는 의심해서는 안 되는 맹신의 대상이 된다. 어떤 의심도 허용되지 않는다. 의심하는 순간 자신의 믿음없음을 돌아보게 된다. 때문에 가장 좋은 반증은 교주를 거짓말쟁이로 만드는 것이라는 말이 있다.

언어통제

사상 개조를 당한 사람들은 언어를 자유롭게 사용할 수 없다. 습관적, 반복적으로 사용하는 특정한 언어를 통해 자신도 모르게 가치관을 조종당한다. 언어에는 세계관이 담겨있다. 대부분의 사이비 종교는 자신들만의 독특한 언어체계를 가진다. 정통교회와 차별성을 유지하기 위한 목적이 크다. 색다른 용어의 사용은 신도들에게 특별한 지식을 소유하거나 비밀을 깨달은 것 같은 착각을 불러온다. 사이비 신도들이 자신들이 믿는 교리에 자부심을 느끼는 이유도 여기에 있다. 착각은 언어를 통제하는 데서부터 시작된다.

개인보다 높은 위치의 이념

사상 개조를 당한 이들에게 사이비 종교의 이념은 개인의 삶보다 훨씬 중요하다. 공동체 구성원들에게 요구되는 일은 개인의 자유를 보장해 이루는 합치 보다 이념에 기초한 통제다. 사이비 종교는 많은 율법으로 개개인의 삶을 옥죈다. 교주와 수뇌부는 신도들 행위 하나하나에 간섭하며 단체가 요구하는 방식대로 삶을 바꾸라고 집요하게 압박한다. 신도들은 지시를 따르지 않을 시, 단체에서 따돌림을 당하거나 배제 당하기 마련이다. 또한 배제 당한 이들을 저주하는 방식으로 신도들에게 두려움을 심는다. 두려움과 공포심 주입은 신도를 통제하는 전형적인 방식이다. 혹자는 사이비 종교 신도들의 열정만큼은 본받아야 한다고 말하지만, 반은 맞고 반은 틀렸다. 이들의 행위의 근원은 자유함이 아닌 두려움이기 때문이다. 두려움에서 나오는 열정을 굳이 본받아야 할 이유가 있을까? 두려움은 신도들을 맹종하게 만드는 좋은 도구다.

생존 불허

이념에 완전히 일치한 사람에게 생명이 허락되고, 이념을 거부하는 자들은 처단숙청, 처형 된다는 의미다. 중국은 사형 집형 유예 제도가 있다. 중국의 사법제도 중 하나로 사형선고 후 2년간 수형자의 태도가 어떻게 바뀌는가를 살펴 징역형으로 감형하는 제도다. 사이비 종교는 자신들의 가르침에 반하는 행동을 하거나 단체의 존립에 해가 되는 사건을 발생시킬 때 특별 관리 대상에 포함시킨다. 지속해서 문제를 일으킬 시 적그리스도 혹은 멸망자, 대적자라고 지칭해 단체에서 축출한다. 신도들은 그를 영생에서 끊어진 존재로 인식하게 된다.

신도 통제 메커니즘

사이비 종교에 미혹되면 철저하게 통제된 집단에 충성하다 인생이 망가진다. 오랫동안 사이비 종교 신도들이 체제에 순응하는 모습을 살피며 사이비 종교 수뇌부가 어떻게 신도를 통제하는지를 네 단계로 생각해 볼 수 있었다. 신도들은 희소성 모델, 터널 비전, 두려움, 보상 독점 순의 과정을 거치며 통제 시스템 안에서 벗어나지 못한다.

희소성 모델

희소성 모델이란 물질혹은 그 무엇이 매우 드물고 적어서 모두가 골고루 나눌 수 없다는 전제에서부터 출발한다. 희소성은 집착을 낳고 집착은 중독을 낳는다. 중독 전문가 앤 윌슨 섀프Anne Wilson Schaef는 『중독사회』에서 중독의 특성을 스무 가지 정도 나열하며 그 중 하나인 희소성 모델을 다음과 같이 설명했다.

"중독 시스템은 희소성 모델에 근거해 작동한다. 이 희소성 모델은 그 어느 것도 모든 사람들에게 골고루 돌아가기에 충분치 않다는 가정에 입각해 있다. 그래서 우리가 할 수 있는 한 많이 확보해 놓는 것이 좋다고 말한다."[13]

사이비 종교는 구원혹은 영생 을 빌미로 희소성 모델을 작동한다. 구원받는 사람의 숫자를 정해놓는다. 신도들로 하여금 희소한 구원을 쟁취하기 위해 모든 것을 바치도록 유도한다. 예를 들어 요한계시록에 기록된 상징 수 144,000을 실제 숫자라고 주장하며, 사람들로 하여금 144,001등이 되지 않도록 다그친다. 그때부터 신도에게 144,000 안에 드는 일은 단 한 가지 관심사이자 전 삶을 바쳐서 획득해야 하는 일이 된다. 때문에 사이비 종교에서 구원은 '은혜로 얻는 구원'이 아닌 '경쟁을 통해 획득해야 하는 구원'이다.

터널 비전과 두려움

신도는 자신이 관심을 가지는 한 가지 외에는 그 어떤 것도 보지 못하는 터널 비전 현상에 빠진다. 터널 비전 혹은 터널 시선 효과는 터널에 들어가 시야가 좁아진 상태를 말한다. 이 희소성 모델과 터널 비전이 두려움의 전조가 된다. 144,001등이 되면 안 된다는 두려움이 신도의 삶을 짓누르고 그럴수록 더욱 깊

13 앤 윌슨 섀프(강수돌), 『중독 사회』(이상북스, 2016), 163.

은 터널 속으로 들어간다. 종말을 빌미로 신도들을 통제하는 사이비 종교의 예를 들어보자. 이 역시 희소성과 터널 비전을 작동한 모델이다. 사람은 기본적으로 종말을 두려워한다. 종말은 개인적 종말과 총체적 종말로 구분할 수 있다. 개인적 종말은 죽음, 총체적 종말은 우주의 종말이다. 죽음을 두려워하는 이에게 영생을 담보하는 미혹, 총체적 종말을 두려워하는 이에게 종말의 때와 시를 알고 있는 우리와 함께하면 안전하다는 속삭임은 희소성 모델이며 신도를 터널 비전에 빠지게 만드는 수단이다. 앤 윌슨 섀프는 "두려움은 우리로 하여금(물질이든 과정이든) 중독에 의존하게 만든다."[14] 라고 말했다. 공포는 의존성을 불러온다. 신도는 자신의 두려움을 해결해 줄 수 있는 사이비 종교에 더욱 빠져들게 된다.

보상독점

공포가 불러온 의존성은 보상 독점구조를 낳는다. 보상 독점구조란, 신도에게 필요한 모든 것이 사이비 종교로부터 채워지도록 만드는 구조다. 신도는 단체 밖을 보아서는 안 된다. 신도가 좋아할 만한 것, 신도에게 필요한 그 무엇을 단체 안에서 채워주어야 한다. 여기서 가족을 등지는 이유가 설명된다. 사이비에 미혹된 사람이 가족을 등지고 서라도 사이비에 남아있는 이유가 무엇이

14 같은 책, 205.

냐고 묻는 자들에게 할 수 있는 대답은 "가족보다 더 나은 공동체가 있다는 사실에 세뇌되었고 중독되었기 때문"이다. 일본의 의학박사 이소무라 다케시磯村 毅는 『이중세뇌』에서 사이비 종교에서 나타나는 보상의 독점과 의존증에 관해 설명한 바 있다.

"그 사람을 지배하기 위해서는 모든 보상이 교주의 손에서 부여되어야 한다. … 사이비 교단 이외의 인간관계를 전부 끊도록 만든 것이 그들의 일이다. '교주 외에는 믿을 수 없다'라는 상황을 만들어야 한다. 그러기 위해 가족으로부터도 떼어놓고 다른 인간관계도 단절시켜 독점적인 상황을 구축한다. … 사이비 교단의 보상 독점 구조는 의존증이 미치는 효과와 매우 닮았다. 왜냐하면 담배, 술, 약물, 도박, 게임과 같은 의존증 행동은 도파민을 강제로 분비시켜 신경의 감수성을 저하시킴으로써 일상의 행복을 느끼기 어렵게 만드는 작용을 하기 때문이다. 어떤 행동을 해도 100퍼센트 즐길 수 없다. 식사든 일이든 휴식이든. … 이혼하자는 협박을 받아도 좀처럼 의존에서 벗어나지 못한다. 그들에게 아내와 아이는 이미 행복을 느끼는 대상이 아닌 것이다. 의존 대상 외에는 의지할 데도 없고 행복을 느낄 수도 없는 상황이 된 것이다."[15]

신도에게 사이비란, 가족이나 다른 그 무엇도 채워준 적이 없던 자신의 갈급함을 해소해 준 존재, 즉 보상을 주는 존재다. 그 존재를 벗어날 수 없는 상태가 된 것이다.

정리하면, 교리 혹은 관계에 의해 세뇌되기 시작한 신도는 구

15 이소무라 다케시(이인애), 『이중세뇌』(더숲, 2010), 75-79.

원이라는 희소성 모델로 인해 터널 비전에 빠지고 두려움을 갖게 된다. 사이비 종교는 그 두려움을 보상 독점구조로 해결해 신도를 철저하게 자신의 사람으로 만들어 놓는다. 이것이 사이비 종교의 메커니즘이다.

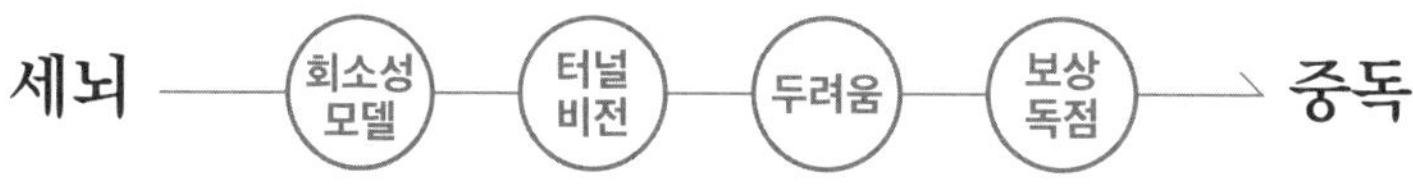

사이비 종교의 메커니즘 The Mechanism of the Cult

교주가 죽어도 탈퇴하지 못하는 이유

죽지 않는다던 교주가 사망하거나, 흠결이 없다고 믿었던 교주의 부도덕함이 드러났을 때, 왜 사이비 종교는 몰락하지 않을까? 왜 신도들은 사이비 종교에 남아있기로 결단할까? 신도들의 왜곡된 사고방식을 이해할 필요가 있다. 이들의 사고는 어떻게 왜곡되었을까?

사이비 종교 신도들에게서 중독적 사고방식을 발견할 수 있다. 어떤 형태의 중독이든지 중독자들에게서 유사한 행동 패턴이 나타나는 이유는 중독성 사고의 특징에 있다. 아브라함 J. 트웰스키 Abraham J. Twerski는 자신의 저서 『중독성 사고』에서 중독자들에게는 사고의 왜곡이 일어나고 이것이 "화학 물질 사용과 반드시 관련된 것도 아니다."[16] 라고 전한다. 그는 보고서를 제출하는 한 여학생의 예를 든다.

16 아브라함 J. 트웰스키(이호영 등), 『중독성 사고』(하나의학사, 2009), 15.

교수: "왜 아직 보고서를 제출하지 않고 있죠?"

학생: "이미 다 썼어요."

교수: "그럼 왜 아직 제출하지 않았나요?"

학생: "아직 손 봐야 할 것이 남았어요."

교수: "다 썼다고 하지 않았나요?"

학생: "네 다 썼어요."

분명 대화에는 모순이 있다. 하지만 저자는 중독성 사고를 하는 자들에게는 말이 되는 표현이라고 지적한다. 이 같은 사고의 왜곡 현상은 "중독자 자신의 생각에 빠져서 자기 자신을 기만"[17] 하기 때문에 발생한다. 실상 사이비 종교에 빠진 이들과 대화를 나누면 모순된 이야기를 반복하는 신도들의 모습을 발견하게 된다. 트웰스키는 중독자들을 상담할 때 이 지점을 간과하지 말아야 한다고 지적한다.

"중독자들이 자신의 왜곡된 사고에 말려들어 자기 자신이 그 희생양이 된다는 사실을 깨닫는 것은 대단히 중요하다. 그리고 그 중요성은 아무리 강조해도 지나치지 않다. 이점을 이해하지 못한다면 우리는 중독자들을 다룰 때 계속 좌절감과 분노를 느끼게 된다."[18]

17 같은 책, 20.
18 같은 책, 27.

중독성 사고방식

이들의 왜곡된 사고의 특성을 이해하지 못한 채 상식적인 측면의 접근하거나, 혹은 황당하고 허황된 교리를 믿고 있으니 정통 신학만 주입하면 된다는 착각은 신도들의 회심에 큰 도움이 되지 않는다. 트윌스키는 "중독자들은 지난날의 기행을 곱씹으며 매우 황당해 한다."[19] 라고 지적한다. 사이비 종교 신도들도 동일하다. 탈퇴자들은 자신들의 행동과 배운 교리들을 생각하며 황당해한다. 도무지 말이 안 되는 실체를 구원자로 믿고 있었으니 지난날의 모습을 후회하거나 부끄러워하는 일은 당연해 보인다. 탈퇴자들은 내가 왜 그것을 믿었는지 자문한다. 어쩌면 왜곡된 사고 때문이라는 간단한 답을 얻을 수도 있다.

사이비 종교 신도들에게 발견할 수 있는 또 하나의 중독적 사고방식이 있다. 신도들은 문제를 만났을 때, 합리적 판단을 하지 못하고 상황을 합리화 시킨다. 알코올 중독자로 예를 들어 보자. 여느 날처럼 알코올로 인해 만취 상태가 되고 문제를 일으킨다. 맨 정신으로 돌아온 중독자는 자신의 행동을 후회한다. 이 상황에서 중독자가 해야 할 합리적 판단은 무엇일까? 단주다. 그런데 중독자는 단주라는 합리적 판단을 하지 못한다. '그럼에도 나는 술을 마실 수밖에 없어'라고 자신을 합리화 시킨다. 알코올 중독자가 술을 끊지 못하는 이유다. 사이비 종교에 깊이 경도되어 있을수록 '탈퇴'라는 합리적 판단이 쉽게 내려지지 않는다. 합리

19 같은책, 27.

적 판단이 되지 않고 합리화 시키는 몇 가지 이유가 있다. 첫째, 자신의 상황이다. 자신의 믿음을 부정하는 일은 곧 자신을 부정하는 일과 같다. 사이비 종교에 바친 시간이 길면 길수록, 내 믿음이 가짜였다는 사실을 받아들이기 어렵다. 동시에 사이비 종교를 탈퇴한 이후 살아갈 방법이 막막하다. 직장 생활을 병행해 온 이들은 그나마 덜하지만, 모든 것을 바쳤던 신도들에게는 심각한 문제다. 신도는 '하나님의 뜻이 있다.', '우리 선생님을 향한 비방은 모함이다.' 등으로 상황을 합리화 시켜버린다. 둘째, 사이비 종교 신도들은 변수에 약하다. 사이비 종교는 신도들의 자율성이 아닌 수뇌부의 통제로 유지된다. 이 같은 환경에서 오래 몸담았을수록 스스로 판단할 수 있는 능력이 떨어진다. 모든 것을 보고하고 하달된 지침에 따라 생활한다. 교주의 죽음이나 범죄라는 변수가 발생하면, 혼란이야 생기지만 상대적으로 수습하기 쉽다. 예를 들어 종말의 일자를 정했지만, 종말이 오지 않았을 때, "심판의 기간이 유예되었다."라고 말하면 그만이다. 변수는 탈퇴를 낳기도 하지만 반대로 강력한 결집력을 낳는 수단이 되기도 한다. 셋째, 탈퇴하기 전에 마지막으로 넘어야 할 산이 있다. 신도가 탈퇴 여부를 두고 제일 고민하는 지점이 '여기가 진짜면 어쩌지?'라는 두려움이다. 사이비 종교 신도들의 행위 동기는 '공포'다. 진리 안에서 자유함 보다는 영생을 쟁취하기 위한 경쟁 속에서 두려움에 짓눌려 살아간다. 이곳을 떠났을 때 혹시 나에게 해가 되지 않을까라는 공포가 이들의 발목을 잡는다. 실제로 이탈했더니 저주를 받아 병에 걸렸다, 누가 사망했다는 등의 왜곡된 정보들을 마주한다면 용기를 내기 어렵다. 탈퇴하려는 마음은 흐지부지되고 그 상황에 적응해 버린다.

사이비 종교에서의 탈퇴는 쉬운 문제가 아니다. 간혹 단체 혹은 교주의 문제가 명명백백하게 밝혀졌음에도 그 단체에 남아있기로 하는 사람들을 본다. 쉽게 정죄하거나 이해가 되지 않는다고 판단하지 말고 그들이 왜 그 선택을 했는지 어떤 지점을 통해 탈퇴를 도울 수 있을지 고민해야 한다.

| 3부 |

한국의 이단 사이비

이단 사이비는 자신들만이 특별한 진리를 가진 집단이라고 포장하지만,
실상은 선대 이단 사이비 단체의 주장을 짜깁기해
현대적으로 되풀이하고 있을 뿐이다.

한국 이단 사이비 계보

한국 이단 사이비의 계보에서 가장 상위에 위치한 인물은 이순화라는 여성이다. 이순화는 1917년에 여호와의 계시를 받았다고 주장하며 정도교를 창시한 것으로 알려진다. 1870년 경남 거창에서 출생해 18세의 나이에 결혼한 그녀는 1911년 만주로 이주해 아들을 낳는다. 아들이 병에 걸려 기도하는 중 병 고침을 받았다며 기도에 매달리다 계시를 받았다고 주장했다. 그녀는 독립운동에도 관여했는데, 조선 여인의 몸에서 재림예수가 나와 일본으로부터 조선을 구원할 것이라고 주장했다. 이순화와 유사한 시기에 전국을 다니며 자신이 남방여왕이라고 주장했던 이에 대한 기록도 있다. 남방여왕은 마태복음 12장 42절을 왜곡해 시대와 세대를 심판하는 자라는 의미로 사용했던 것으로 보인다. 남방여왕의 실명은 알 수 없고, 교세도 미비했다. 이순화, 남방여왕과 함께 초창기 한국 이단 사이비를 다루면 빠지지 않는 여성이 한에녹이다. 그녀는 1887년 평안남도 출생으로 하나님으로부터 직통 계시를 받았다며 『영원한 복음』이라는 책을 썼다. 1920년대 후반기에 원산예수교회를 창시한 유명화는 하나님의 영이 사람의 몸에 들어왔다는 '친림'이라는 개념을 설파했다. 유명화는 1927년 입신을 경험했고 자신이 예수의 친림이라고 주장했다. 유명화는 자신의 신복들과 신 내리는 장면을 연출하는 강신극을 꾸며 사람들을 미혹했다.

한국 기독교 이단 사이비 계보에서 교리적으로 중요한 위치에 있는 인물은 김성도 권사1882-1944다. 김성도 권사는 한국 이단 사이비 교리의 원조라고 불린다. 김성도 권사는 17세의 나이에 결혼하고 혹독한 시집살이로 정신적 질병을 얻었으나 예수님을 믿고 치유되었다고 주장했다. 1923년에 입신해 예수님을 만나 "죄의 뿌리가 음란에 있다."라는 이야기를 듣게 되었다고 말했다. 김성도 권사를 새로 오신 주님이라 하여 일명 새주파라고도 불렸다. 김성도 권사의 자녀들 중 일부가 후에 통일교에 유입되었다. 그녀의 주요 교리를 네 가지로 정리하면 다음과 같다.

1) 죄의 뿌리는 남녀의 성관계로 인한 음란이다.
2) 예수 그리스도는 십자가를 지기 위해 이 땅에 온 것이 아니다. 십자가는 예수 그리스도가 실패했다는 증거다.
3) 재림주는 육신의 몸을 입고 한국으로 온다.
4) 하나님은 2대 슬픔을 가지고 있다. 아담이 타락했을 때, 예수님이 십자가에 못 박히셨을 때다.

"죄의 뿌리는 남녀의 성관계로 인한 음란"이라는 교리는 한국 이단 사이비 교리의 중심축이 되었다고 해도 과언이 아니다. 김성도 권사의 영향을 받아 원산 신학원을 세우고 후에 다양한 성 문제로 구설수에 오른 백남주, 기도하던 중에 자신의 목이 떼어지고 예수의 목이 자신에게 붙었다며 목가름 교리를 주장한 새예루살렘순회단의 황국주, 악의 혈통 즉 더러운 피는 시대의 구원자와의 성관계를 통해 깨끗한 피로 변화된다는 피가름을 주장한 정득은 등이 당시 주요 이단 사이비였다. 그중에서도 백남주의 영향을 받아 이스라엘 수도원을 세운 김백문은 이단 사이비 교리들을 집대성한 인물로 평가된다. 김백문은 하와가 선악과를 따먹은 행위는 하와가 사탄과 성관계를 가진 행위라고 가르쳤다. 사탄으로 인해 더러워진 하와가 다시 아담과 성관계를 맺음으로 악의 혈통이 시작되었다는 혈통유전설을 주장했다. 김백문의 영향을 받은 가장 대표적인 이단 사이비 교주가 천부교의 박태선, 통일교의 문선명이다. 이들 때부터 이단 사이비가 대형화 되기 시작했다.

박태선의 영향을 받아 죽지 않고 영원히 산다고 주장했던 영생교의 조희성이 탄생한다. 신천지의 이만희 역시 천부교와 통일교에서 분파된 아류를 전전하다 유재열의 장막성전에 들어갔고 그곳을 이탈해 신천지를 만들었다. JMS 정명석은 통일교에서 승공강사로 활동한 이력이 있다.

해외 이단 사이비에 몸담았다 이탈해 자신만의 세력을 구축한 이들도 있다. 하나님의교회의 안상홍은 제칠일안식일예수재림교회 출신이다. 구원파의 대표자들 역시 외국인들에게 영향을 받았다. 이단 사이비는 자신들만이 특별한 진리를 가진 집단이라고 포장하지만, 실상은 선대 이단 사이비 단체의 주장을 짜깁기해 현대적으로 되풀이하고 있을 뿐이다. 지금도 여전히 아류가 발생하고 있다. 신천지 아류만 열 곳이 넘는다. 아류는 피해 사례 혹은 제보가 들어오기 전까지 어디에서 어떻게 활동하는지 알기 어렵다. 한국은 이제 수많은 이단 사이비 아류들에 대한 대비책도 만들어가야 한다.

안상홍(하나님의교회세계복음선교협회), **박명호**(한농복구회)는 **제칠일안식일예수재림교회 출신**
유병언(기독교복음침례회), **박옥수**(기쁜소식선교회)는 **외국인 선교사의 영향**을 받았고,
이요한(생명의말씀선교회)은 **유병언 측에서 분파**

한국 주요 이단 사이비 계보도

신천지 예수교증거장막성전

신천지예수교증거장막성전신천지 의 창시자 이만희는 1931년 경북 청도군에서 태어났다. 정통교회에 출석하던 그는 박태선 전도관을 거쳐 1967년 유재열의 장막성전에 들어가게 된다. 1978년 장막성전 출신 백만봉을 추종했다. 신천지는 자신들이 1984년 신천지를 창설했다고 주장한다.

무엇을 주장하나

대한예수교장로회 합동 교단은 1995년 80회기 총회에서 신천지를 "신학적 비판가치 없음"이라고 결의했다. 신천지의 교리는 성경적, 신학적으로 정통과는 완전히 동 떨어진다. 신천지는 교주 이만희를 죽지 않고 영원히 사는 구원자로 믿는다. 요한계시록의 "이기는 자"를 '이긴 자'로 왜곡해 이만희가 이긴 자라고 주장한다. 요한계시록에 나오는 두 증인, 철장으로 만국을 다스릴

남자, 대언자 등이 이만희를 가리킨다고 한다. 신천지는 초림 때 하나님의 새 이름으로 예수님이 오셨고, 예수님의 새 이름으로 온 자가 이긴 자인 이만희 라고 믿는다. 비유로 된 성경을 통달한 곳은 신천지뿐이라며, 요한계시록의 상징, 비유들을 신천지 역사에 대입해서 해석한다. 요한계시록 몇 장 몇 절은 신천지에서 몇 년도에 있었던 일이라는 식이다. 이를 실상교리라고 한다. 신천지는 사도 요한이 환상 중에 요한계시록을 '기록'했고 이만희는 그 천국의 실상을 보고 계시록을 '증거'하는 사람이라고 주장한다. 그래서 이만희는 6,000년 동안 감춘 비밀을 풀어주는 존재가 된다. 최근 몇 년간 신천지는 전 세계의 종교를 통합해 신천지로 이름 하겠다는 민망한 주장도 서슴없이 하고 있다.

신천지의 가장 핵심교리는 요한계시록 20장 4절에 근거한 신인합일이다. 신천지의 근간을 이루는 교리다.

> "또 내가 보좌들을 보니 거기에 앉은 자들이 있어 심판하는 권세를 받았더라 또 내가 보니 예수를 증언함과 하나님의 말씀 때문에 목 베임을 당한 자들의 영혼들과 또 짐승과 그의 우상에게 경배하지 아니하고 그들의 이마와 손에 그의 표를 받지 아니한 자들이 살아서 그리스도와 더불어 천 년 동안 왕 노릇 하니"(요한계시록 20:4)

신천지는 요한계시록 20장 4절을 왜곡해 순교한 영혼과 이 땅에서 짐승과 우상에게 경배하지 않은 신천지인들이 합일을 이루어 신천지 시대가 열린다고 믿는다. 그러나 요한계시록 20장 4

절의 순교한 영혼과 그의 우상에게 경배하지 않은 자들은 별개의 존재가 아니다. 정확하게 번역하면 "하나님의 말씀 때문에 목이 베인 영혼들을 보았다. 그들은 그 짐승이나 그의 형상에 절하지도 않고 그들의 이마와 손에 그의 표를 받지도 않았다."이다. 신천지는 이 구절에 대해 오해를 불러일으킬 만하고, 이만희가 계시를 받았다고 주장하는 개역 한글판 성경만을 사용한다.

신천지 세계관의 핵심, 배도-멸망-구원은 사실일까?

신천지는 계시를 환상계시와 실상계시로 구분한다. 환상계시는 성경의 저자가 하나님이 보여주시는 장래의 일에 대해서 계시를 받아 적었지만 어떤 의미인지 몰랐다는 뜻이다. 실상계시는 약속의 목자가 환상을 실제로 보여주는 것을 의미한다. 요한계시록으로 쉽게 설명하면 요한계시록을 기록한 요한은 어떤 의미인지도 모르고 기록했다는 것이 '환상계시'다. 그래서 봉함되었던 요한계시록의 말씀을 이 시대에 풀어주는 존재가 바로 이만희인데 이것이 '실상계시'다. 신천지에는 실상계시에 근거한 실상교리가 존재한다. 요한계시록의 사건, 상징, 비유를 신천지 역사에 때려 맞추는 즉 '요한계시록 몇 장 몇 절은 신천지에서 몇 년도에 일어났던 사건'이라는 식으로 해석하는 방식이다. 신천지가 성경대로 이루었다고 자부하는 이유가 바로 이 실상교리에 있다. 신천지 실상교리의 뼈대를 이룬다고 할 수 있는 것이 바로 배도, 멸망, 구원이다.

신천지는 유재열을 배도자, 오평호와 청지기 교육원을 멸망자, 이만희를 구원자라고 주장한다. 배도는 요한계시록 1장 20절에 일곱 별과 일곱 금촛대이고, 멸망은 17장 7절의 일곱 머리와 열 뿔이며, 구원은 10장 7절에 일곱째 나팔이라고 주장한다. 그래서 배도, 멸망, 구원이 요한계시록에 기록되어 있다는 주장이다. 요한계시록 1장 20절에 일곱 별은 일곱 교회의 사자이고 일곱 촛대는 일곱 교회라고 했는데, 신천지는 여기서 한발 더 나아가서 일곱 별은 장막성전에서 흩어진 사람, 일곱 촛대는 유재열의 장막성전 이라고 주장한다. 신천지가 말하는 배도의 사건은 일곱 사람이 흩어진 일이다. 또한 멸망은 유재열의 뒤를 이어 받은 오평호가 장막성전 시대의 종식을 선언하며 장막성전의 명칭을 이삭중앙교회로 바꾸고 장로교단으로 재편한 사건, 그리고 청지기 교육원을 들여와 기존의 장막성전 사람들을 교육한 일이다. 전국에 산재한 장막성전의 지부까지 장로교단으로 재편되면서 1981년 교단에서 목사를 배출하게 되는데 이때 목사 안수를 받은 17명이 요한계시록에 나오는 짐승의 표를 받은 사건이라고 말한다. 그리고 신천지는 위에서 언급한 청지기교육원이 이삭중앙교회를 훈련시켰기 때문에 청지기교육원을 요한계시록에 나오는 니골라당 이라고 주장하고, 여기에 주도적으로 참여했다는 일곱 명을 일곱 머리라고 이야기한다. 그리고 열 뿔은 오평호가 이삭중앙교회에서 세운 열 명의 장로를 의미한다. 처음 읽는 이들은 도대체 무슨 말인가 싶겠지만, 이것이 신천지가 말하는 실상교리다. 실상교리 반증은 신천지 신도들이 이탈하는 데 도움이 되기에 간단하게 배도-멸망-구원을 반증해보자.

첫째 유재열이 배도자라는 부분이다. 배도자라는 말은 처음에는 진리 가운데 있었음을 전제하는 말이다. 신천지는 유재열이 1980년 9월에 배도했다고 한다. 그런데 1975년 9월 6일 경향신문은 이렇게 보도한다.

> "유재열이 경기도 시흥군 과천면 막계2리에 대한기독교장막성전 이라는 사이비 단체를 만들고 자신을 천사 군황 선지자라고 불렀다. 교회 건물과 시가 2000만원 상당의 자신의 호화주택을 신도들의 헌금과 강제노역으로 신축했다. 신도에게 돈을 받은 뒤 유흥비 등으로 탕진했다."

또한 1976년 2월 14일 경향신문은 이렇게 보도한다.

> "사이비 종교인 장막성전 교주 유재열 피고인에게 사기, 공갈, 무고, 폭력행위 등 처벌에 관한 법률 위반을 적용해 징역 15년을 구형했다."

유재열은 1심에서는 징역 5년을 선고받았으나 2심에서는 징역 2년 6개월에 집행유예 4년을 선고받고 풀려나 1980년 10월에는 미국으로 이민을 떠났다. 즉 신천지가 말하는 유재열의 배도는 날짜도 맞지 않을뿐더러 처음부터 진리 가운데 있었음을 전제하는 배도의 사건 자체가 없었다. 참고로 과거 신천지는 유재열이 미국으로 가서 웨스트민스터신학교에서 공부했다고 주장했지만 이는 거짓말이다. 유재열은 웨스트민스터신학교에서 공부는커녕 입학한 사실도 없다.

두 번째 오평호와 청지기교육원이 멸망자라는 부분이다. 신천지는 청지기교육원이 장막성전에 들어와 42달 동안 짓밟고 멸망시켰다고 주장한다. 또한 1981년 청지기교육원이 장막성전에서 목사 안수를 줬다고 주장하며 서두에 언급한 요한계시록에 나오는 짐승의 표를 받은 사건이 벌어졌다고 주장했다. 하지만 청지기 교육원은 당시 목회자들의 재교육을 위한 사설단체였을 뿐이다. 목사 안수를 줄 수 있는 기관이 아니라는 의미다. 당시 목사 안수식은 이삭교회가 소속되어 있던 교단의 노회에서 주관했다. 심지어 청지기교육원은 장막성전에 들어온 일이 없다. 신천지에서 말하는 일곱머리 중에는 청지기교육원과 무관한 사람도 있다. 장막성전은 청지기교육원 때문에 무너진 것이 아니라 유재열이 범죄를 저질러 구속됨으로 무너졌다. 여기서 주목해야 할 것은 당시 유재열을 고소한 여러 명의 고소인 중에 이만희가 포함되어 있었다는 사실이다. 장막성전이 무너진 이유가 유재열에 구속 때문이라면 이를 신천지 식으로 풀이하면 멸망자는 고소인이 된다. 이만희가 멸망자 중 한 명이라는 뜻이다. 배도-멸망-구원 이라는 신천지 핵심 세계관의 실상은 성경과 아무런 관련이 없는, 이만희에 의해서 철저하게 조작된 거짓이고 허구에 불과하다.

교리 비교를 내세우는 신천지의 속내

최근 몇 년간 신천지의 시위와 스팸 메일에는 “교리 비교”라는 문구가 빠짐없이 등장했다. 지나치게 교리 비교에 집착하는 모습을 보이는 이유는 무엇일까? 두 가지 측면으로 분석 가능하다.

첫째, 이미지 세탁이다. 신천지 대처를 위해 전국 각지에서 '신천지대책범시민연대'가 구성됐던 이유는, 신천지 문제를 종교적인 시각으로 접근하지 않도록 하기 위함이었다. 여러 시민단체의 연합은 '신천지는 반사회적 집단'이라는 사회적 공감대 형성으로 이어졌다. 신천지 입장에서는 정통교회의 교리적 정죄보다 사회에서의 고립이 훨씬 큰 타격이다. 신천지는 이 상황을 타개하기 위해 '교리 비교'라는 카드를 꺼내 들지 않았을까? "교리 싸움에서 밀린 단체"라고 호소해 대중들에게 종교 간의 갈등으로 비춰지는 방법을 택했다는 뜻이다. 교리 비교는 정통교회를 향한 불신이 최고조에 이른 지금, 이미지 세탁을 위한 선전도구로써 활용가치가 높다. 둘째, 신도들을 통제하기 위함이다. 신천지 신도들은 자신들의 교리에 자부심을 가진다. 그 근거는 요한계시록을 신천지의 역사에 대입해 풀어내는 '실상교리'에 있다. 신도들은 교묘하게 짜깁기된 실상교리를 "말씀대로 성취되었다."라고 믿는다. 신천지 지도부는 근거 없는 자신감에 사로잡힌 신도들에게 정통교회를 향해 '교리 비교' 혹은 '공개 토론'을 외치게 만든다.

정통교회는 신천지의 도발에 거의 대응하지 않는다. 딱히 대응할 가치가 없는 동시에 이만희가 나오지 않는 공개 토론은 큰 의미가 없기 때문이다. 신도들은 반응이 없는 정통교회를 보고 바벨론[1] 은 말씀이 없는 곳이라고 착각하며 신천지 교리를 더 맹신하게 된다. 교리적 맹신이야말로 사이비 단체의 체제 유지를 위한 가장 큰 힘이다. 한편, 이만희는 정통교회가 제기한 공개토론 요청에 묵묵부답으로 일관하고 있다.

신천지가 대형행사를 개최하는 이유

신천지는 위장단체 HWPLHeavenly Culture, World Peace, Restoration of Light, 하늘문화세계평화광복 을 앞세워 평화를 키워드로 한 대형 행사를 개최해왔다. 일명 만국회의라 칭하는 종교대통합을 위한 평화행사다. 만국회의를 위해 이만희를 포함한 신천지 수뇌부는 세계 각국을 다니며 자신들을 평화 단체, 평화 운동가라고 소개한다. 신천지는 왜 '평화'를 전면에 내세운 걸까?

첫째, 이미지 변신을 위함이다. 신천지로 인해 발생하는 가정 파괴, 학업 포기, 집단폭행 등의 반사회적인 문제가 언론을 통해 지속해서 알려졌다. 교계를 넘어서 사회에서도 신천지에 대한 부정적 인식이 확산되고 있다. 신천지가 건축을 시도하면, 해당 지역은 기독교연합이 아닌 신천지대책범시민연대가 조직된다. 지난 2012년, 신천지는 건축을 불허한 익산시를 상대로 소송을 제기했다. 사건은 대법원에까지 올랐다. 대법원은 신천지의 건축으로 인해 극심한 지역사회의 갈등이 현실화될 수 있다며 익산시의

1 신천지는 정통교회를 멸망할 바벨론이라고 칭한다.

결정이 정당했다고 판단했다. 이는 신천지의 건축 시도에 치명타가 되는 판례로 남았다. 이처럼 신천지 입장에서는 정통교회의 교리적 정죄보다 사회적 공신력 저하가 더 큰 타격이다. 최근 신천지가 평화행사와 봉사활동을 전면에 내세우는 이유는, 자신들을 향한 부정적 이미지를 세탁하기 위해서다. 둘째, 사회적으로 자리를 잡기 위해서다. 이면에는 통일교를 벤치마킹한 흔적이 보인다. 한국 사회에는 평화를 내세워 자리 잡은 집단이 있다. 바로 통일교다. 문선명은 생전에 자신을 평화운동가로 지칭했다. 하나님의 뜻은 평화지만, 종교 간의 갈등이 이 땅의 평화를 해친다는 게 문 씨의 주요 주장이었다. 그는 1950년대에 통일교를 창시한 이후 1970년대부터 본격적으로 평화를 앞세워 세계 각국의 주요 인사들과 접촉했다. 이만희 역시 종교 간의 갈등이 평화를 헤친다고 말한다. 이 씨는 전 세계의 종교를 대통합하겠다는 허황된 주장을 펼치는데, "평화 아래 한 종교"를 외쳤던 문선명의 활동을 답습하는 셈이다. 한편, 신천지는 교리 역시 통일교의 영향을 받았다. 신천지의 교리서인 『신탄』의 두 저자 중 한 명인 김건남은 통일교 분파 출신이다. 셋째, 교리변개에 따라 신도를 단속하기 위함이다. 신천지의 평화행사에는 많은 외국인이 초청된다. 외국인들의 참석은 신도들에게 중요한 의미가 있다. 신천지는 매년 1월 1일 표어를 제시해, 한 해의 목표를 설정한다. 2014년을 시작하며 '흰 무리 창조'라는 표어를 걸었다. 신천지는 요한계시록 7장 9절의 "흰 옷을 입고 나오는 아무도 능히 셀 수 없는 큰 무리"를 "흰 무리"라고 부른다. 인 맞은 신도 144,000이 채워지면 하늘의 순교한 영혼들과 합일한다고 믿는다. 신천지의 가장 핵심교리인 신인합일이다. 신천지 입장에서 신인합일이 이뤄지면 회개하고 돌아오는 존재가 흰 무리다. 신천지 교리대로라면 흰 무리는 저절로 몰려들지 창조해야 할 대상이 아니다. 그렇다고 흰 무리 숫자가 정해진 것도 아니다. 흰 무리 창조는 추상적인 개념이다. 신천지가 흰 무리 창조를 내세운 시점을 주목해야 한다. 바로 신도 수 144,000이 가시권에 들어온 2014년이었다. 신도들은 오로지 144,000만 바라보며 인생을 바쳤다. 하지만 144,000이 채워져도 신인합일이 이뤄지지 않을 것을 누구보다 잘 아는 신천지 수뇌부는 교리변개의 타이밍을 고민했을 테고, 144,000이 채워지기 직전인 2014년으로 설정했을 가능성이 높다. 흰 무리 창조라는 표어에 신도들은 "아멘"으로 화답했다. 그러나 신도 144,000이 채워져도 흰 무리 창조가 완성되지 않으면 신인합일이 없다는 사실은 인지하지 못한 듯하다. 흰 무리 창조를 내세운 순간, (물론 처음부터 없었지만)영생이 날아갔다는 사실을 신도들만 모른다. 신천지 수뇌부는 "외국에서 흰 무리가 몰려든다."고 가르치기 시작했다. 즉 평화행사에 참석하는 외국인들을 흰 무리로 지칭한 셈이다. 신도들은 그들을 보며 "흰 무리가 몰려온다."는 착각에 빠진다. 행사에 참석하는 외국 인사들이 전직 대통령이든 현직 장관이든 간에 그들은 변개된 신천지 교리를 확증하기 위한 도구일 뿐이다. 넷째, 재정 확보의 수단이다. 신천지는 각종 행사 모습 등을 DVD로 제작해 신도들에게 판매한다. 티셔츠를 장당 1만 1천 원에판매하기도 했다. 희망하는 신도에게 판매한다지만 많은 신도가 사는 건 불 보듯 뻔한 일이다. 한국기독교이단상담소 협회 구리상담소 신현욱 소장은 「기독신문」에 신천지의 행사가 "막대한 재정적 수익을 창출하는 수입원이 되고 있다."는 글을 게재한 바 있다. 당시 신 소장은 "종교대통합만국회의 기금 명목으로 약 100억 원 이상이 모금되었고, 행사 이후 전 신도들에게 반강제적으로 판매되는 책자와 DVD(개당 1~1만 5천원) 등 각종 행사 홍보물 판매 수익금은 떨치기 어려운 유혹이 될 것이다."라고 밝혔다.

한편, 신천지는 만국회의를 통해 국제법을 제정하겠다는 주장을 펼친다. 국제법의 사전적 정의는 "국가 간에 명시되거나 묵시된 합의를 기초로 형성된 법"이다. 대표적인 국제법에는 조약이 있는데, 양자조약과 다자조약으로 나뉜다. 양자조약은 두 국가 간의 조약을 말한다. 일반적으로 양자 교섭 과정을 통해 제정된다. 다자조약은 세 나라 이상의 다수 국가가 합의를 통해 만들어진다. UN 등 국제기구의 회의를 통해 제정되는 일이 일반적이다. 제한적으로 일부 국제기구도 국제법을 제정할 권한을 가진다. 신천지의 국제법 제정 주장에 대해 정부 기관 관계자는 "국제법 제정의 주체는 기본적으로 국가다. 국제법 제정은 국가가 개입되지 않으면 불가능하다. 국가의 대표로서 공식적으로 권한을 인정받는 사람들, 즉 현직 국가 원수 혹은 국내법의 절차를 따라 권한을 위임받은 사람들이 참석하지 않으면, 국제법 제정은 실현 가능성이 없는 이야기"라고 밝혔다.

신천지 입장에서는 어느 하나 중요하지 않은 이유가 없다. 당장 부정적 이미지도 걷어내야 하고, 교리변개에 따른 신도 단속 역시 필요하다. 게다가 재정을 확보할 수 있으면 금상첨화. 신천지 피해자들이 만국회의가 아닌 '망국회의' 혹은 '국제적 사기 행사'라고 부르는 이유다. 한편 신천지는 HWPL 외에 IWPG International Women's Peace Group, 세계여성평화그룹, IPYG International Peace Youth Group, 국제청년평화그룹 이라는 위장 평화 단체를 만들어 활동한다.

신천지가 이런 방법도 사용하나요? 라는 질문은 이제 그만!

신천지의 황당한 교리에도 불구, 세를 넓히는 일등 공신은 신천지가 사용하는 위장 포섭방법이다. "신천지 같은 이단을 조심해야 한다."라는 거짓말까지 동원된 포섭에 많은 사람이 속고 있다. 최근 신천지가 자신들의 이름을 드러내놓고 소위 '공개 포섭'을 하기도 하지만, 계속된 위장 포섭으로 지친 신도를 단속하기 위한 내부용일 뿐이다. 신천지에 대한 반사회적인 공감대가 형성된 지금 공개 포섭은 효과를 거두기 어렵다. 코로나 이후 신천지가 과감하게 공개해서 포섭활동을 시작하자 이단 대책 사역자들 중 일부도 "신천지가 오픈 포섭으로 방법을 바꾸었다."라고 말했지만, 절대 그럴 수 없다. 신천지라는 사실을 밝히고 다가오는 포섭이 무슨 효과를 거둘 수 있을지 상식적으로 생각해보면 금세 답이 나오는 문제다. 여전히 신천지는 자신들의 정체를 철저하게 숨기고 위장 포섭 활동을 펼친다. 신천지가 2000년도를 기점으로 세를 급격히 불려가는 데 이때부터 위장 포섭을 본격적으로 시작했기 때문이다. 자신들의 세를 키우는 데 제일 큰 역할을 했던 위장 포섭을 두고 공개 포섭으로 방법을 바꾸었다는 말은 오히려 신천지 대책에 방해가 되는 주장이다.

신천지의 위장 포섭은 교회 밖 포섭과 교회 안 포섭으로 나눌 수 있다. 두 포섭 모두 자신을 신뢰할 만한 사람으로 인식하도록 관계를 맺는 데 중점을 둔다. 신천지는 포섭을 위한 거짓말을 정당화하기 때문에 포섭 도중에는 각종 거짓말이 난무한다. 선교단체 간사, 기독교 관련 기관 직원, 전도사, 선교사, 목사로 사칭, 교단 마크를 도용한 위장 교회, 위장 문화센터, 취미를 공유하는 인터넷 카페, 각종 위장 설문조사를 통한 신상 파악, 아르바이트 사이트, 인성 강의, 멘토링 수업 등 사람과 사람이 만날 수 있는 가용한 모든 방법을 사용한다. 때문에 "이런 방법을 사용하면 신천지인가요?"라는 질문은 의미가 없다. 특히 신천지는 포섭을 하지 못했을 경우 벌금을 내게 하거나, 정신 교육을 시키는 등의 두려움을 심는다. 두려움에 사로잡힌 신도는 단체에서 배제 당할 수도 있다는 압박에 시달린다. 그 결과 합리적 판단을 하지 못하고 상황을 합리화 시켜 부도덕하고 비윤리적인 포섭 방법까지 동원하기도 한다. 단체가 유지하는 포섭 방법에 신도들의 일탈 행동까지 더해지기 때문에 "신천지가 이런 방법으로도 포섭을 하나요?"라는 질문은 아무런 의미가 없다.

신천지의 포섭, 어떻게 분별하나?

신천지의 접근 자체를 원천 봉쇄하긴 어렵다. 그렇다면 어떻게 해야 할까? 예방법은 간단하다. 첫째, 경각심을 가지고 확인과 검증하는 절차가 필요하다. 위에서 언급했듯 간사, 전도사, 목사, 공신력 있는 기관을 사칭하는 경우가 많다. 접근하는 사람이 소속을 밝히고 명함을 내밀어도 해당 단체 혹은 교회에 문의해야 한다. 설문조사 시에 신상을 적지 않는 것도 중요하다. 둘째, 신천지 포섭의 끝은 성경공부로 이어진다. 처음부터 이만희를 구원자로 믿는 사람은 없기 때문에 자신들의 교리를 주입할 과정이 필요하다. 2~3개월 일대일 혹은 소그룹으로 공부하고 적게는 20명, 많게는 40명 정도 되는 학원의 형태로 이루어진 센터에서 6~7개월 과정이 이어진다. 신천지는 성경공부를 시작하면 사탄의 방해가 시작되니 절대로 부모나 교역자에게 알리지 말라고 한다. 심지어 신천지 같은 이단도 조심해야 한다는 말을 한다. 의도했든 의도하지 않았든 사람과의 만남이 위와 같은 형태의 성경공부로 이어졌다면 당장 성경공부 모임을 그만둬야 한다.

피해 사례

신천지로 인해 수많은 가정이 파괴되었다. 신천지에 미혹된 수많은 학생이 학업을 포기하고, 가출했다. 이만희는 공개적으로 신천지를 믿지 않는 가족과는 "갈라서라."라고 말했다. "내 가족을 돌려내라."라는 피해자들의 시위가 끊임없이 이루어지는 이유다. 또한 탈퇴자 납치, 집단폭행, 위치추적기를 이용한 감시 등 각종 범죄 행위를 스스럼없이 행해 많은 법적 처벌을 받았다.

하나님의교회 세계복음선교협회

하나님의교회 세계복음선교협회하나님의교회는 1985년 사망한 안상홍을 하나님으로, 장길자를 어머니 하나님으로 믿는다. 제칠일안식일예수재림교회 출신인 안상홍은 1964년 하나님의교회 예수증인회를 창설하고 본부를 부산에서 서울로 옮기면서 본격적인 활동을 시작했다. 안상홍 사망 후 몇 분파로 나누어졌는데, 그중 교세가 가장 크고, 피해 사례가 많은 곳이 장길자를 어머니 하나님으로 믿는 하나님의교회다. 흥미로운 사실은 안상홍은 어머니 하나님의 존재를 인정하지 않았다는 점이다. 안상홍이 살아 있을 당시 엄수인 이라는 여성이 어머니 하나님론을 주장했고 안상홍은 사탄의 가르침이라고 비판했다. 안상홍이 죽자 현재 총회장이자 실세인 김주철이 장길자를 어머니 하나님으로 추대했다. 이 과정에서 몇 분파가 발생했고 장길자를 내세운 하나님의교회가 가장 세를 키웠다.

무엇을 믿나?

하나님의교회는 하나님이 인류의 구원을 위해 이 세상에 세우신 유일한 교회가 자신들이라고 주장한다. 구약시대 성부 여호와 하나님이 신약시대에 아들의 입장으로 오신 분이 예수님이고, 성경의 예언대로 이 시대에 재림한 예수 그리스도가 안상홍이라고 믿는다. 요한계시록 22장 17절의 신부를 어머니 하나님으로 곡해해, 어머니 하나님이 인류를 구원할 것이라는 예언이 성경에 기록되었다고 주장한다. 유월절과 안식일을 지켜야 구원을 얻는다고 가르치며, 교회에 십자가를 세우는 행위를 우상숭배라고 말한다. 또한 1988년, 1999년, 2012년에 종말이 온다며 시한부 종말론을 설파해 물의를 일으켰다.

종말을 빌미로 재산 갈취

하나님의교회는 시한부 종말론을 설파해 신도들의 재산을 갈취해왔다. 하나님의교회는 종말을 이용해 신도들에게 공포감을 심는 동시에 도피처를 제시했다. 도피처는 '시온' 즉 '하나님의 교회'라고 가르쳤다. 신도들은 "북방에서 큰 재앙과 멸망이 시작되면 시온으로 도피하라."라고 교육받아왔다. 탈퇴자들에 따르면 '북방'은 '북한'을 뜻한다. 북한의 핵 도발을 기점으로 재앙이 시작되는데, 이때 하나님의교회 건물로 도피해야만 살아남을 수 있다고 가르쳤다. 도피처 건축은 신도들의 재산을 갈취하는 좋은 명분이었다. 신도들은 "종말이 오므로 재물을 땅에 두기보다 하늘에 소망을 두라.", "하나님께 제일 큰 축복을 받을 방법은 하나님의 성전을 짓는 데 필요한 자금을 드리는 것"이라는 설교를 반복적으로 들었다. 적금과 보험 해약은 물론, 자가에서 전세로, 전세에서 월세로 집을 옮기면서까지 헌금하는 신도들이 발생했다. 건축헌금은 하나님의교회 재정의 가장 큰 부분을 차지한다. 건축헌금이 십일조보다 일만 배 이상인 지역도 있었다. 한 탈퇴자는 "하나님의교회의 교회가 건물을 사들이는 것을 보면서 교세가 확장되는 것 아닌가 걱정하는 시각이 있다. 하지만, 건물 마련은 교세 확장이 아닌 종말 교리에 기인한 현상"이라며 "(하나님의교회가)건축 혹은 건물 매매를 남발하고 이를 지역 뉴스에 기사화해 마치 교세가 확장되는 것처럼 보이게 했다. 또한 새로운 독립건물은 주변 두세 개의 임대 단위 건물이 합쳐진 결과다. 결과적으로 두세 개의 교회가 없어지고 한 개의 교회가 생겨난 셈"이라고 밝혔다. 종말과 도피처 교리로 신도들을 옥죄는 데도 한계가 있다. 하나님의교회는 적극적인 해외진출과 교리변개로 살 길을 도모하지 않을까? 한편, 시한부 종말론을 주장하는 집단에서의 피해 사례는 대개 유사하게 나타난다. 부부 중에 한 사람만 하나님의교회 신도인 소위 짝 믿음의 경우 재산 헌납에 따른 이혼 사례가 많다. 심지어 종말이 오니 아이를 낳을 필요가 없다며 낙태를 종용한 경우도 있다.

판결문에 명시된 하나님의교회의 반사회성

하나님의교회를 잘 대처해온 단체는 하나님의교회피해자가족모임하피모 이다. 하피모는 하나님의교회에 아내를 빼앗긴 남편들이 주축을 이룬 모임이다. 회원들은 하나님의교회 측의 악의적인 고소, 고발로 어려움을 겪어 왔다. 하지만 하피모 회원들이 승소할 때마다, 판결문에 하나님의교회의 반사회적인 문제점들이 담기기 시작했다. 이는 하나님의교회의 실체를 드러내고, 그들을 향한 비판의 폭을 넓히는 결과로 이어졌다.

첫째, 가정파괴다. "장길자를 하나님으로 믿고 이혼과 가출을 조장하는 하나님의교회"라고 시위한 하피모 회원 네 명이 하나님의교회로부터 고소를 당한 일이 있었다. 1심과 2심에서 무죄가 선고되었는데, 2심 판결문에는 하나님의교회의 교리와 종교 활동 때문에 가정파괴가 야기된다는 사실을 인정할 수 있다는 내용이 담겼고 대법원에서도 확정 판결이 내려졌다. 이 판결은 법원이 하나님의교회가 가정파괴의 원인이 된다고 인정했다는 점에서 중요한 의미가 있다. 둘째, 낙태다. 하나님의교회가 임신하지 않도록 유도하거나, 낙태를 종용했다는 사실은 피해자와 탈퇴자들 사이에서 종종 회자된다. 낙태 종용 의혹은 미국에서도 제기된 바 있다. 낙태 사례도 분명히 존재한다. 수원지방법원 성남지원은 하나님의교회가 하나님의교회피해대책전국연합하대연 의 네이버 카페 운영자와 네이버를 상대로 낸 인터넷카페폐쇄 가처분을 기각하는 결정서에 "하나님의교회 신도였던 임산부가 그 종교활동을 위하여 남편과 상의 없이 낙태를 해 가정불화가 발생한 사실"이라고 명시했다. 셋째, 시한부 종말론이다. 하나님의교회는 1988년, 1999년, 2012년 등 세 번의 시한부 종말론을 주장했다. 정작 자신들은 종말의 날짜를 정한 적이 없다며 발뺌해왔다. 그러나 하나님의교회가 자신들을 비판하는 인터넷카페를 상대로 제기한 폐쇄 가처분이 기각되면서 기각 결정서에는 "1988년 종말이 온다는 취지의 전도서를 만들고 인침을 받는 144,000명 외에는 모조리 멸망한다는 종말론을 주장"했다는 내용이 담겼다. 또한 "하나님의교회 신도가 종말론을 믿고 약 500만 원에 달하는 비상용 물품을 구입하는 등 비정상적인 종교 생활을 했다."며 시한부 종말론으로 인한 폐해까지 드러났다. 「국민일보」와 하나님의교회와의 소송에서 "하나님의교회가 1988년, 1999년, 2012년 종말을 제시하여 시한부 종말론을 제시했다."라는 판결도 나왔다. 넷째, 집단폭행이다. 하피모 회원들은 2013년 12월 말부터 약 3개월 간 "하나님의교회 신도들이 탈퇴자의 집을 찾아가 폭행한 사건이 누구의 사주였는지 답변 바란다."라는 내용으로 시위를 했다. 하나님의교회 측이 명예훼손 혐의로 고소했지만, 수원지방법원은 지난 2015년 11월, "하나님의 교회 신도 4명은 위 교회에 같이 다닌 피해자 이○○이 약 1년 전 교리 문제로 위 교회를 나간 후 주변에 이를 비방하고 다니는데 격분하여 피해자 이○○ 집에 들어가 이○○의 손목과 다리 및 가슴을 묶고 폭행하여 상해를 입게 하였고, 이○○의 아들인 피해자 이△△(4세)의 손목을 묶고 청테이프로 입을 막는 등 폭행하여 이들을 감금하였다는 범죄사실로 유죄를 선고받았고[2], 그 무렵 대구 MBC는 하나님의 교회 교인들이 탈퇴한 교인들을 찾아가 폭행을 저지른 사건이 6건에 이른다는 내용의 뉴스를 방송하였다."라고 판시하며 하피모 회원들에게 무죄를 선고했다. 사건은 대법원에까지 올랐지만 기각되었다.

하나님의교회는 어떻게 포섭하나?

하나님의교회의 몇 가지 주요 포섭법은 다음과 같다. 첫째, 궁금증을 유발하는 멘트가 담긴 설문지를 이용해 설문조사를 한다. "하나님의 존재에 대해 어떻게 생각하십니까?", "성경의 안식일은 무슨 요일이었을까요?", "성경을 어떤 책으로 알고 계십니까?", "한국인의 정서에 가장 적합한 종교는 무엇이라고 생각합니까?", "12월 25일 성탄절은 어디에서 유래했을까요?", "어떤 경우가 가장 이단적이라고 생각되나요?", "세상의 종말에 대해 어떤 견해를 가지고 계시나요?" 등이 대표적인 멘트다. 둘째, 스마트폰이나 테블릿 PC로 영상 보여주며 접근하는 경우다. 어머니 하나님 홍보 영상, 하나님의교회 자체 홍보 영상 등을 보여주며 접근한다. 천재지변 등 종말에 대한 공포심을 조장하는 영상을 보여 주면서 접근하기도 한다. 셋째, 어머니 사진전을 이용한 포섭이다. 하나님의교회는 어린아이를 둔 엄마들에게 많이 접근

2 대구지방법원 2000고단2426.

한다. 다수의 신도가 접근해 집안일을 해주고 아이를 봐주는 등 친밀한 관계를 맺는다. 어린 자녀를 키우며 친정어머니에 대한 그리움이 많은 시기의 사람들에게 엄마에 대한 향수를 불러일으키는 사진전이다.

사회적 공신력 확보를 위한 노림수

하나님의교회는 시한부 종말론 설파에 따른 재산 갈취, 이혼 등 각종 사회적인 문제가 발생하자 공신력 확보를 위해 다양한 봉사활동을 해왔다. 국제위러브유운동본부, ASEZ가 대표적인 하나님의교회 봉사단체다. 하나님의교회는 자신들의 활동을 언론을 통해 의도적으로 노출해 자신들을 공신력 있는 종교단체로 포장한다.

구원파

2014년 4월 16일, 인천에서 출발해 제주도로 가던 여객선 세월호가 전남 진도군 인근 바다에서 침몰했다. 탑승객 476명 가운데 295명이 사망했는데, 사망자 중 다수가 수학여행을 가던 안산 단원고등학교 학생들이었다. 안타까운 사고 이후 언론에서는 구원파라는 이름이 등장하기 시작했다. 과거에는 언론에서 '사이비' 같은 사회적인 용어는 사용했지만 '이단', '구원파' 등 종교적 색채를 띤 단어는 사용하기를 꺼려했다. 그러나 세월호 사건 직후 구원파, 이단이라는 단어가 공공연하게 사용되기 시작했다. 유병언 구원파와 관련된 보도들은 한 달가량 거의 모든 언론의 헤드라인을 장식했다.

공식 명칭

구원파에 접근함에 있어 이들의 공식 명칭부터 정확하게 짚고 넘어갈 필요가 있다. 구원파라는 이름은 이들이 구원에 대한 잘못된 교리를 견지하기에 정통교회가 이단으로 규정하며 붙인 별칭이다. 구원파는 공식 명칭이 아니며 한 단체도 아니다. 한국 구원파의 원조라고 볼 수 있는 기독교복음침례회권신찬(사망), 유병언(사망), 유병언의 지나친 사업행위에 반대해 기독교복음침례회를 탈퇴해 새로운 분파를 형성한 이요한의 생명의말씀선교회대한예수교침례회, 독자적으로 세력을 형성한 박옥수의 기쁜소식선교회가 있다. 세 단체는 구원파라는 이름으로 묶이지만, 별개의 단체이기 때문에 구분해서 이해할 필요가 있다.

잘못된 죄관

구원파는 구원관이 정통교회와 다르다. 특히 죄를 이해하는 방식이 다르다. 구원파는 죄를 존재론적으로 이해한다. 나에게 '죄'라는 존재가 있다가 구원받으면 죄라는 존재가 사라지니 더 이상 죄인이 아니라는 뜻이다. 구원받은 후 죄인이라고 고백하면 구원받지 못한 증거라고 말한다. 그러나 죄는 존재가 아닌 관계론적으로 이해해야 한다. 죄는 하나님께 대한 불순종이다. 하나님과 인간의 관계 속에서 죄를 이해해야 한다. 또한 성경은 구원을 과거, 현재, 미래의 세 가지 시제로 말한다. 예수 그리스도를 믿는 순간 구원을 받지만과거, 구원의 완성을 위해 살아가고 있으며현재, 예수님이 재림하실 때 우리의 구원은 완성된다미래. 바울은 "두렵고 떨림으로 너희 구원을 이루라."빌2:12 라고 했다. 예수 그리스도를 영접한 사람은 이미 구원을 받았지만, 아직 완성된 것은 아니다. '이미'와 '아직' 사이의 긴장 상태를 무시해서는 안 된다.

이요한 구원파의 시한부적 종말론 및 교리적 문제점

이요한 구원파는 종말론에 심각한 문제가 있다. 종말의 일자를 특정하진 않았지만 대략 어느 시점이라고 주장한다. 80세가 넘은 이요한은 자신이 살아 있을 때 예수님이 재림하신다는 설교를 여러 차례 하면서 시한부적 종말론을 설파했다. 이요한은 주님 재림하시기 전에 징조는 다 이루어졌다고 강조하는데, 요한계시록의 상징이나 사건 등을 지나치게 현시대에 끼워 맞춰 해석한 결과다. 요한계시록 몇 장 몇 절의 사건은 오늘날 일어난 어떤 사건이라는 식이다. 요한계시록의 666이 바코드이며 베리칩 이라고 주장하기도 한다. 이를 극단적인 세대주의 종말론이라고 부르기도 한다. 시한부적 종말을 주장하면서도 높은 이자로 돈을 대출해주는 신용협동조합을 운영해 신도들에게 건축헌금을 위한 대출을 받게하는 아이러니한 모습도 연출한다. 대외적으로 다른 교회에 구원이 없다고 가르치지 않지만, 누가복음 13장의 하나님 나라 비유를 왜곡해, 누룩은 거짓되게 팽창된 기독교라며 그런 곳에 생명이 있을 수 없다는 식으로 가르친다. 자연스레 자신들만이 옳다는 주장을 할 수 밖에 없는데, 가족이라도 교회를 판단하고, 신앙을 허물면 명확하게 정리하고 선을 그으라고 가르친다. 또한 양태론적 삼위일체를 가르쳐 하나님의 존재양식인 삼위일체를 왜곡한다.

박옥수 구원파의 다양한 문화 및 포섭활동

문화를 이용한 포섭 활동의 선두주자는 박옥수 구원파다. IYF International Youth Fellowship, 국제청소년연합 는 수많은 대학에서 활동한다. IYF는 월드문화캠프, 세계청소년장관포럼, 세계대학포럼, 대학생리더스컨퍼런스, 세계문화댄스페스티벌, 세계문화엑스포, 굿뉴스코해외봉사단, 영어말하기 대회 등 대학생, 청년들이 관심가질 만한 다양한 프로그램을 개최해왔다. IYF에서 개최하는 행사에는 세계 각국의 청소년, 청년들이 참석하고, 여러 나라의 장·차관급 인사, 국회의원, 대학총장, 유명 스포츠 스타 등이 와서 강의하기도 한다. 물론 이들이 모두 박옥수 구원파라서가 아니다. 아파하는 청년들에게 꿈과 비전을 심어달라는 종교색을 배제한 구원파의 요청을 받고 온다. 많은 이단 사이비가 위장 행사를 하지만 IYF 행사들은 대부분 위에서 언급한 공식 명칭을 사용하니, 행사 명칭을 정확하게 기억하는 것이 박옥수 구원파 예방의 지름길이다. 박옥수 구원파에서 공들여 온 포섭방법이 마인드교육원을 이용한 강의다. 전국의 많은 초·중·고등학교와 대학교, 각종 관공서는 물론 전 세계 각국에서 마인드 및 인성교육이 진행되고 있다. 마인드교육원의 주장에 따르면 2013년 설립 이후 2015년 11월까지 전 세계에서 약 4,880회 강의가 이루어졌고, 참석자 수는 386만여 명에 달한다. 마인드교육은 종교색을 배제한 자연스러운 포섭의 수단으로 활용된다. 마인드교육은 박옥수로부터 시작했는데, 박옥수는 마인드강연의 핵심이 "자기 자신을 믿지 말고 하나님을 믿는 것"이라고 밝힌 바 있다. 기쁜소식선교회는 마인드강연을 앞세워 해외에까지 진출하며 공신력을 확보하는 중이다.

박옥수 구원파는 CLF Christian Leaders Fellowship, 기독교지도자연합 와 한국기독교연합 KCA 을 만들어 포섭에 활용한다. 이 명칭은 상당한 혼란을 불러일으킨다. CLF는 크리스천 법률가들의 모임인 기독법률가회 Christian Lawyer's Fellowship 와 영어 약자가 같다. 한국기독교연합 KCA 은 정통교단의 연합기구 중 하나인 한국기독교연합 KACC 과 이름이 같고 약자만 다르다. 공동육아커뮤니티를 만들어 어린자녀를 둔 가정을 포섭하는 방법도 사용한다. 서울시 서초구에서 인지도 높은 공동육아 커뮤니티 '맘키움'은 박옥수 구원파 신도들이 만들었다. 이들은 2016년, 서초구 양성평등지원 사업과 양재종합사회복지관 주민 소모임 지원 공모사업에 선정되기도 했다. EBS와 KBS1 라디오에 활동이 소개되었고, 서초구 내곡동 주민참여 사업에 선정되어 활동했다. 서울, 대전, 강릉 등지에 지부를 두고 지역구 정치인들과도 소통한다. 서울 서초구의 맘키움을 필두로 수원의 맘오니, 대전의 맘소울, 대구의 맘드림 등 공동육아커뮤니티를 구성해 활동한다. 이들은 부모와 아이가 참여하는 레크리에이션 프로그램을 진행하는데, 마인드교육을 병행하고 마인드교육원의 강사로 박옥수 구원파의 유관기관인 국제마인드교육원 소속의 강사를 배치한다. 대다수가 기쁜소식선교회 관계자다. 이외에 그라시아스 합창단을 앞세운 수준 높은 공연을 진행한다.

세계평화통일 가정연합

세계평화통일가정연합통일교 은 문선명1920년생, 본명 문용명 에 의해 창설되었다. 문선명은 1935년 예수님을 만나는 신비체험을 통해 인류 구원을 완성할 사명을 부여받았다고 주장한다. 1940년대 중반 김백문의 이스라엘 수도원에 들어가 6개월간 몸담았던 그는 1954년 5월 1일 세계기독교통일신령협회를 창설해 본격적인 활동에 들어간다. 통일교는 1955년, 연세대학교 교수, 이화여자대학교 교수와 학생들이 통일교와 연루되어 면직과 퇴학을 당하는 '연대, 이대 사건'이 터지면서 사회적으로 주목을 받기 시작했다. 1950년대 후반 통일교의 교리적 근간이라 할 수 있는 『원리강론』을 완성해 교리적으로 체계를 갖추기 시작했다. 통일교는 『원리강론』 완성 후 해외에서도 포섭 활동을 시작했다. 문선명은 1970년대에 들어 미국에서 활동했는데 탈세 혐의로 구속되기도 했다. 통일교는 정치, 경제, 사회, 문화, 교육 쪽으로도 활발하게 진출하기 시작했다. 박정희 정권 시절 정부가 반공을 내세우자 통일교는 1968년 국제승공연합을 창설했다. 1971년 7월 4일, 「주간종교」를 창간하고 1989년 2월 1일, 「세계일보」를 창간했다. 1977년 5월 10일, 통일신학교선문대학교 전신 개교하고 1983년 4월, 선문학원 설립했다. 2006년 2월 24일, 청심국제중고교 개교하고, 2003년 2월 13일, 용평리조트 인수했으며, 2003년 2월 5일, 청심국제병원을 설립했다. 통일교 하면 (주)일화의 맥콜이 떠오르는데, 맥콜을 비롯해 수십 가지 음료를 생산하고 있다. 통일교는 1997년, 공식 명칭을 세계평화통일가정연합으로 변경했다. 이후 훈독교회, 통일교를 거쳐 다시 세계평화통일가정연합, 하늘부모님 교단 등으로 명칭을 바꿔왔다. 현재[3] 공식홈페이지에는 "하늘부모님성회 세계평화통일가정연합"이라고 기재되어 있다. 통일교의 집회소는 가정교회라는 명칭을 사용한다. 현재 공식적으로 195개국에 진출해있는 것으로 파악된다. 창시자 문선명은 2012년, 92세의 나이로 사망했다. 문 씨 사후 통일교는 아내 한학자 통일교와 7남 문형진 통일교로 양분되었다.

주요 교리

한국의 자칭 재림주들이 주장한 교리는 대동소이하다. 통일교는 예수 그리스도에 대한 그릇된 이해를 가지고 있다. 통일교는 예수 그리스도의 신성과 육체적 부활을 부정한다. 예수님은 제사

3 2023년 1월 기준

장 사가랴와 마리아의 성관계를 통해 태어났다며 동정녀 탄생 역시 부정한다. 예수님이 십자가를 지신 것은 본래의 사명도 하나님의 뜻도 아니었다고 말한다. 예수님이 십자가에서 죽으심으로 인간을 구속하는 사역에 실패했고 이 사역을 완성하기 위해 문선명이 성경에 기록된 동방인 한국에 재림 그리스도로 오셨다고 주장한다. 하와가 선악과를 따먹은 사건은 사탄과 성관계를 했다는 비유이고 하와는 다시 아담과 성관계를 맺음으로 사탄의 피가 아담의 후손에게 흘러가게 되었다고 주장한다. 타락하고 사탄의 속박 아래 놓인 인간을 하나님의 본래의 창조 목적대로 돌려놓는 일을 탕감 복귀라고 말한다. 통일교에서 문선명은 참 아버지, 그의 아내 한학자는 참 어머니로서 이 참 부모는 타락한 인간을 새롭게 하기 위해 세워진 존재라고 믿는다. 문선명이 사망하고 한학자는 자신을 신격화하기 시작했다. 한학자는 자신이 육천 년 만에 태어난 독생녀이며 원죄가 없다고 주장했다.

합동결혼식의 의미

통일교의 합동결혼식은 많이 알려진 행사다. 합동결혼식은 통일교 식의 구원의식으로 해석할 수 있다. 사탄의 피로 더렵혀진 인간이 참 부모가 짝지어준 사람을 만나 결혼축복을 받음으로 혈통전환 즉 깨끗한 피로 전환된다는 의미를 가진다. 합동결혼식에는 성주식, 탕감봉 행사, 삼일행사 등 3대 의식이 있다. 성주식은 성찬식과 같은 의미로 잔에 담긴 음료를 마심으로 사탄의 피를

뽑는 의식이다. 탕감봉 행사는 남자와 여자가 신체적 손상이 없는 범위 내에서 서로를 세 차례 때리는 행위를 말한다. 성적으로 타락한 것을 탕감하기 위해 매를 맞는 의식으로, 천사가 야곱의 환도뼈를 친 사건을 자의적으로 해석한 결과물이다. 탕감봉 행사 이후 40일 뒤 3일 동안 성관계를 하고 가정맹세를 통해 축복가정으로 거듭나게 된다. 합동결혼식은 1961년 5월 15일, 36쌍 축복식을 시작으로 현재까지 이어지고 있다. 박근혜 전 대통령의 동생 박근령과 남편 신동욱도 2009년 합동결혼식을 했다. 합동결혼 헌금은 약 200만 원으로 알려진다. 통일교는 1996년 9월 13일 참가정실천운동본부를 세우고 현재도 결혼을 미끼로 포섭 활동을 펼친다. 한편, 문선명의 7남 문형진은 2018년 2월, 미국 펜실베이니아 주 뉴파운드랜드 생츄어리 통일교회에서 열린 합동결혼식 참석자들에게 "신의 무기인 쇠막대를 가져오라"라며 AR-15 총기 휴대를 지시해 미국 사회를 발칵 뒤집어 놓았다. AR-15는 같은 달 17명이 희생됐던 플로리다 고등학교 총기 난사 사건에 쓰였다. 문선명의 4남 문국진은 총기회사 '카 암스Kahr Arms'를 설립해 펜실베이니아 주에 본부를 두고 총기를 판매하는 소매점도 운영한다.

참 가정인가 거짓 가정인가

참 부모라 주장하는 문선명과 한학자의 가정은 참 가정다운 모습을 보여주었을까? 지난 1998년 문선명의 큰 며느리였던 홍난

숙은 문선명 가정의 실체를 담은 *In the shadow of the Moons*필자 역: 문 씨의 그늘 아래서를 펴냈다. 이후 미국의 TV 프로그램에도 출연해 문선명의 부도덕함과 비윤리적인 행태를 고발하기도 했다. 문선명의 가족은 권력을 두고 헤게모니 쟁탈전을 벌이고 있다. 문선명의 종교적 후계자로 7남 문형진이 유력하게 거론되었다. 그런데 문 씨 사후 한학자가 자신을 신격화하며 그 자리를 꿰찼다. 한학자의 신격화에 문형진은 자신의 어머니를 사탄의 핏줄이라고 했고, 한학자는 문형진을 패륜아라고 비난했다.

통일교와 일본

2022년 7월 8일, 일본의 아베安倍晋三, 전 총리가 유세 연설 중에 테러를 당해 사망한 사건이 발생했다. 범인은 40대 초반의 남성인 야마가미 데쓰야山上徹也였다. 현장에서 붙잡힌 그는 자신의 어머니가 통일교 심취해 재산을 탕진하게 되었는데, 아베가 통일교와 관련이 있다고 생각해 테러를 저질렀다고 밝혔다. 일본 통일교와 정치권의 관계성에 대해서는 오래전부터 주목되었다. 다양한 일본 언론이 통일교가 아베 정권을 지지하고 있다는 내용을 여러 차례 보도했고 통일교와 아베 정권의 관계의 뿌리는 아베의 외조부 기시 노부스케 전 총리로까지 거슬러 올라간다. 일본 통일교는 오랜 시간 일본의 정치권과 밀월 관계를 유지해오며 자리를 잡아갔다. 자연스레 세를 불려가기 시작했는데, 일본에서 한국으로 들어오는 자금이 통일교를 지탱하는 데 근간이 되었다고 해도 과언이 아니다.

일본인 신도들은 한국이 재림주 즉 문선명의 나라이고 자신들의 조상이 한국을 식민지로 삼은 일에 대한 사죄를 해야 한다는 교리에 세뇌되어 왔다. 또한 도장, 도자기 등의 물품에 영력이 있다고 속여 신도들에게 고가에 판매하는 영감상법으로 많은 금전적 피해를 발생시켰다. 일본에는 변호사들이 전국영감상법변호사연락회를 조직해 통일교 피해자들을 상담하고 법률적 지원을 벌이고 있다. 이 단체에서 1987년부터 2017년까지 공식 집계한 피해건수는 3만 건 이상이었고 피해액은 1조 2670억이었다.

기독교복음 선교회

일명 JMS로 알려진 집단이다. 교주 정명석은 1945년 3월 16일, 충남 금산의 월명동에서 6남 1녀 중 3남으로 태어났다. 그는 11살 때부터 계시의 음성을 들었다고 주장한다. 제대 이후에는 천국, 지옥, 영의 세계를 오갔다고 말한다. 금산 지역의 통일교에 입교해 통일교 승공연합에서 반공강사로 활동했다. 1975년에는 사명을 받았다고 주장하며 1978년 말 고향을 떠나 본격적인 활동을 시작하게 된다. 1980년 서울에 세운 애천교회가 현 JMS의 모체로 알려진다. JMS의 공식 명칭은 기독교복음선교회다. JMS는 정명석의 이니셜인데, 기독교복음선교회 측은 Jesus Morning Star라고 말한다. 최근에는 섭리, 섭리인이라는 표현을 많이 사용한다.

성범죄자

정명석은 희대의 성범죄자로 기억된다. 정명석에게 바쳐지는 여신도들 프로필과 정명석을 여보, 주님 등으로 부르며 신도들이 찍은 누드 동영상 등이 밝혀졌을 때 많은 사람이 큰 충격을 받았다. 정명석은 여신도 성폭행 혐의로 1999년부터 수사기관의 내사를 받던 중 해외로 도피생활을 했으나 2007년 중국에서 체포되어 한국으로 송환되었다. 준강간, 강간 치상, 강제추행 등의 혐의로 대법원에서 징역 10년을 선고받아 수감생활을 했다. 2018년 2월 18일, 전자 발찌를 차고 만기 출소했다. 정명석의 엽기적인 성 문제는 국내는 물론 일본, 중국, 대만, 홍콩 등에서도 벌어졌고 각국 언론이 이를 대서특필 한 바 있다. 출소 후에도 정명석으로부터 피해를 당했다는 피해자들이 속출했고 결국 2022년 10월 4일 출소 4년 만에 재구속 되었다.

2023년 3월 3일 넷플릭스 웹다큐 〈나는 신이다: 신이 배신한 사람들〉가 공개되면서 국민적 공분을 사게 되었다.

JMS의 핵심 교리 타락론

JMS는 정명석을 이 시대의 메시아로 믿는다. 정명석과 정명석이 인정한 사람들은 이미 영적으로 휴거했다고 믿는다. 정명석의 생일인 3월 16일을 성자 승천일이라며 정명석에게 임했던 성자가 정명석에게 모든 것을 맡기고 승천했다고 주장한다.

타락론은 핵심적인 JMS의 교리 중에 하나다. 정명석은 신도들에게 이성 타락이 큰 죄이고, 사랑의 유혹에 빠지지 말아야 한다며 이 타락론을 내세웠다. 정명석은 타락론을 자신의 고향의 한 기도굴에서 기도하던 중 계시를 통해 알게 되었다고 주장했다. 타락론의 중심에는 창세기에 기록된 생명나무, 선악과, 아담, 하와 그리고 사탄이 있다. JMS에서는 생명나무가 아담, 선악나무를 하와, 더 나아가 생명나무의 실과가 아담의 생식기, 선악나무의 실과를 하와의 생식기라고 주장한다. 성경에 나무를 사람에 비유한 것에 근거한 해석이다. 타락론의 핵심 내용은 하나님의 사랑을 독차지하고 싶었던 타락 전의 사탄이 아담과 하와를 질투해 이들을 타락하게 만들었다는 것이다. 사탄이 하와를 유혹해 성적으로 눈을 뜨게 만들었고 뒤이어 아담을 유혹해 성관계를 맺게 해 타락하도록 만들었다는 내용이다. 창세기 3장 6절에 아담이 선악과를 먹은 사건이 나오는 데, 이것을 하와가 아담을 유혹해 성관계를 맺은 것으로 해석한다. 이 타락으로 인간은 하나님의 창조 목적을 져버렸고 하나님의 심판을 받았다고 주장한다. 타락론이 잘못되었고, 성경의 기록과 맞지 않는다는 점을 문맥을 따라 세 구절만 읽어보면 금방 알 수 있다.

"여자가 그 나무를 본즉 먹음직도 하고 보암직도 하고 지혜롭게 할 만큼 탐스럽기도 한 나무인지라 여자가 그 열매를 따먹고 자기와 함께 있는 남편에게도 주매 그도 먹은지라"(창세기 3:6)

여자는 하와, 그 나무는 선악나무, 그 열매는 선악과다. 하와가 그 나무를 보고 그 열매를 먹고 남편인 아담에게 주었다. 선악나무를 하와라고 하는 기독교복음선교회의 방식으로 풀이하면, 여자가 나무를 보고 열매를 먹었다고 한다. 하와가 하와를 보고 하와를 먹었다는 건 당연히 말이 안 된다.

"여호와 하나님이 그 땅에서 보기에 아름답고 먹기에 좋은 나무가 나게 하시니 동산 가운데에는 생명 나무와 선악을 알게 하는 나무도 있더라"(창세기 2:9)

"여호와 하나님이 이르시되 사람이 혼자 사는 것이 좋지 아니하니 내가 그를 위하여 돕는 배필을 지으리라 하시니라"(창세기 2:18)

기독교복음선교회의 주장대로라면 이미 하와가 존재하는데 아담을 잠들게 하셔서 하와를 만든다. 이런 모순이 없다.

"이같이 하나님이 그 사람을 쫓아내시고 에덴 동산 동쪽에 그룹들과 두루 도는 불 칼을 두어 생명나무의 길을 지키게 하시니라"(창세기 3:24)

"아담이 그의 아내 하와와 동침하매 하와가 임신하여 가인을 낳고 이르되 내가 여호와로 말미암아 득남하였다 하니라"(창세기 4:1)

기독교복음선교회는 아담을 생명나무라고 했는데, 생명나무의 길을 그룹 즉 천사와 불 칼을 두어 하나님이 지키게 하셨다. 기독교복음선교회의 주장대로라면 아담과 하와는 함께 있으면 안 된다. 그런데 둘은 동침하여 아이를 낳았다. 즉 아담 역시 생명나무가 아니라는 뜻이다. 타락론의 중심에 아담은 생명나무, 하와는 선악나무라는 논리가 존재하는데, 성경의 문맥을 살피면 기독교복음선교회의 주장이 사실이 아님을 알 수 있다.

여전한 JMS의 활동

정명석이 첫 번째 수감생활을 시작한 후부터 다른 이단 사이비 단체에 비해 상대적으로 JMS에 대한 대책과 경계 활동이 활발히 이뤄지지 않았다. 신천지, 하나님의교회, 구원파 등의 교세와 피해 사례가 급증함에 따라 상대적으로 관심을 쏟지 못했다. JMS는 정명석의 수감 이후에도 여전히 대학가는 물론 해외에서도 지속적으로 포섭 활동을 펼쳐왔다. 특히 신도들이 비영리민간단체를 만들어 지역의 공공기관들과 관계를 맺으며 청소년, 청년들에게 접근하고 있다.

JMS 호주 탈퇴자의 폭로

정명석 출소 후 피해자 기자회견

한농복구회

한국 사회에 뿌리 깊이 자리 잡고 반사회적인 문제를 일으킴에도 잘 알려지지 않은 사이비 단체들이 있다. 비교적 작은 교세가 그 이유지만, 교리의 황당함이나 경악할 만한 피해 사례는 여타 대규모 사이비 단체에 뒤지지 않는다. 대표적인 단체가 돌나라한농복구회박명호, 한농은 한국농촌복구회의 줄임말다. 박명호1943년생, 본명 박광규는 제칠일안식일예수재림교회안식교 출신이다. 안식교를 탈퇴해 그를 따르던 신도들과 1982년부터 본격적으로 집회를 개최하던 중 1984년 6월 25일, 강원도 원주에서 엘리야복음선교원을 창설했다. 1990년 대 초반 십계석국총회로 이름을 바꾸고 국내에서는 십계석국 한농복구회로 활동했다. 2000년 대 들어서 명칭을 돌나라한농복구회로 변경했고, 현재는 브라질이 새천국 이라며 다수의 신도를 브라질로 이주시켜 집단생활을 하고 있다.

하나님의 창기십자가

돌나라한농복구회는 교주 박명호를 시대의 구원자로 믿는다. 박명호는 설교와 한농복구회가 발행하는 잡지 「새벽이슬」을 통해 자신을 하나님, 주님, 그리스도라고 주장해왔다. 대한예수교장로회 통합은 1991년, 박명호에 대해 "안식교의 사상을 기초로 자기의신비체험 등을 교리화한다.", "한국은 성경 이사야 41:25에서 가리키는 동방이고 동방에 나타나는 마지막 선지자 엘리야가 자신이라고 한다.", "절박한 말세심판설은 신도들에게 속세에 대한 절망감을 야기해 산속으로 도피케 한다.", "부부의 별거, 이혼 등으로 인한 가정파괴와 학업을 포기하는 등 사회적인 문제를 야기하고 있다."라며 이단으로 결의했다. 돌나라한농복구회가 가진 대표적인 반사회적인 교리는 '창기십자가'다. 창기십자가란 색욕을 벗어날 수 없는 창기 같은 인간을 취해 구원을 이룬다는 뜻으로 교주 박명호와의 성관계를 통해 구원을 얻는다는 교리다. 많은 여신도들이 박 씨에게 몸을 바쳤는데, 박 씨와 성관계를 가지기 전 꽃을 바치고 절을 하기도 했다. 교주의 성폭행이 구원의 의식으로 둔갑된 셈이다. 여신도들은 박명호를 "여보"라고 부르거나 "창기십자가의 사랑으로 다시 태어났사오니 이제 당신과 영광의 대관식을 치르고 영원 세월 동안 예쁜 아기 예수 많이 낳아드릴게요."라는 글을 남기기도 했다.

유기농을 앞세운 홍보, 그 이면의 집단생활

박명호는 유기농 제품을 생산해 판매한다는 돌나라한농복구회를 앞세워 각종 언론과 접촉하기 시작했다. 강원도 원주시에 소재한 돌나라유기인증코리아DCOK는 2002년 5월 23일 국립농산물품질관리원으로부터 2호 친환경농산물 인증기관으로 지정받았다. 외부적으로는 종교와 무관한 단체로 포장했으나 돌나라한농복구회는 엘리야복음선교원의 신도들로 구성된 조직체다. 유기농은 돌나라한농복구회가 공신력 확보를 위해 사용한 수단인 동시에 신도들을 규합할 도구로 이해된다. 박명호는 1990년대에 들어 북한의 남침으로 전쟁이 일어나니 신도들에게 전쟁을 피해 산골로 이주하라고 명령했다. 신도들은 재산을 바쳐 전국의 10여 개 지역에 집단 생활촌을 만들어 자급자족을 하며 폐쇄적 생활을 해왔다. 탈퇴자들에 따르면 폐쇄적 집단생활로 인한 부작용 때문에 최근에는 집단생활을 하지 않는 신도들도 있다. 한편, 돌나라한농복구회 2세, 3세들은 돌나라한농복구회가 설립한 한농예능학교에서 교육을 받아왔다. 탈퇴자에 의하면 과거에는 의무교육도 받지 않은 채 한농예능학교에서 교육을 받았지만 최근에는 초등학교를 졸업시킨 후 자체 교육을 한다. 국어, 수학 등의 과목이 있지만 수준이 높지 않다. 학생들은 박명호의 설교와 신앙관 등에 대해 배우며 박명호의 왕국에서 박명호의 사람들로 길러진다.

돌나라한농복구회의 실체를 폭로한 언론보도

그간 몇 언론에서 돌나라한농복구회의 실체를 폭로해왔다. 대구 KBS 〈현장보고〉에서는 "긴급점검 한농복구회 실체"(1994년 11월 17일)라는 제목으로 집단 신앙촌 구성의 문제점과 정규 교육을 받지 못하는 문제점에 대해 방송됐다. SBS 〈그것이 알고 싶다〉는 "탐욕인가 희생인가, 창기십자가의 비밀"(2012년 12월 8일)이라는 제목으로 돌나라한농복구회의 정체와 창기십자가 교리를 폭로했다. 여신도들이 박명호를 "여보", "낭군님"등으로 부르고 여자 아이들이 "원자씨를 낳아드릴게요."라고 노래를 부르는 장면은 시청자들을 충격에 빠트렸다. JTBC에서 상주의 D 종교단체가 한국은 곧 멸망한다며 신도 약 1,000명을 브라질로 이주시켰다고 보도하기도 했다(2018년 8월 5일). JTBC가 지칭한 D 종교단체는 돌나라한농복구회다. 2022년 4월 29일 브라질 바이아주에 있는 정화조 공사 현장에서 다섯 명의 한국인 아이들이 사망했는데 한농복구회 신도들로 밝혀졌다. MBC 〈PD수첩〉은 "사라진 아이들과 비밀의 왕국"(2022년 9월 6일)이라는 제목으로 이들의 실체를 폭로했다.

만민중앙교회, 은혜로교회, 사랑하는교회

만민중앙교회

만민중앙교회 이재록은 1990년, 예수교대한성결교회 총회에서 면직 후 제명당했다. 이재록에게는 원죄와 자범죄가 없다고 주장한다. 이재록은 하나님의 보좌가 만민중앙교회에 내려왔고 자신이 강단에 오를 때 주님의 제자들이 인사했다는 등 극단적 신비주의를 추종한다. 또한 아담이 에덴동산에서 공룡을 타고 다녔으며, 더 빠른 이동 수단이 필요할 때는 UFO를 탔다고 말했다. 만민중앙교회 신도들은 다섯 단계로 이뤄진 천국에서 최고 단계인 새 예루살렘에 들어간다고 믿는다. 이재록은 다수의 여신도를 수십 차례 성폭행 및 추행한 혐의로 2018년 5월에 구속되었고, 징역 16년 형을 선고받았다.

은혜로교회

신천지와 유사한 방식의 성경 비유풀이를 주장한다. 피지를 마지막 때의 피난처라고 주장하며 수백 명의 신도를 피지로 이주시켰다. 그 과정에서 재산을 헌납하고 가정이 깨지는 피해가 발생했다. 신도들을 폭행하는 일명 '타작마당'을 통해 육체적, 정신적 충격을 입은 피해자들이 발생했다. 은혜로교회를 이끌었던 신옥주는 2018년 8월 신도 집단 폭행, 아동 학대, 특수 감금 등의 혐의로 구속되었고 대법원에서 징역 7년이 선고되었다.

사랑하는교회

사랑하는교회구 큰믿음교회, 변승우에 대해 한국의 주요 교단들은 정통교회를 심하게 비판하여 직통계시에 근거해 성경의 권위를 훼손시킨다고 지적했다. 정통 구원관과는 다른 구원론을 견지하고 극단적 신비주의 신앙 형태를 가지고 있다. 오늘날에도 사도와 선지자가 존재한다고 주장했다. 또한 천국의 도서관에 변승우의 책이 꽂혀있다고 말한다. 변승우는 2019년 2월, 요한계시록을 연구하던 학자들과 목회자들이 깨달을 수 없었던 것들을 30분, 1시간 만에 다 깨달았다고 주장했다. 변승우는 지금껏 수많은 학자와 유명 강해 설교자들의 요한계시록 설교가 엉망진창이고 엉터리라며 지난 2000년 동안 풀리지 않았던 계시록이 풀렸다고 말했다.

| 4부 |

한국에서 활동하는 해외 이단 사이비

동방번개의 활동은
제 2의 맥도날드 살인사건을 발생시킬 수 있는
잠재적 위험요소다.

제칠일안식일예수재림교회

시작과 현황

19세기 초부터 임박한 종말에 대한 분위기가 미국과 유럽을 감싸기 시작했다. 어느 시점에 종말이 온다는 주장부터 특정한 날짜를 못 박는 사람들까지 등장했다. 난무하는 불건전한 종말론의 홍수 속에 사람들은 기대와 실망을 반복하는 혼란을 겪었다. 윌리엄 밀러William Miller는 다양한 종말 운동을 이끄는 사람 중 단연 눈에 띈 인물이었다. 침례교인이었던 그는 소위 "밀러 운동"이라 불리는 재림 운동을 주도했다. 초교파적으로 수 백 명의 목회자와 5만 명 이상의 성도들이 이 운동에 가담했다. 윌리엄 밀러는 1843년 8월 21일과 1844년 10월 22일을 각각 종말의 일자로 정했다. 아닥사스다왕이 성벽 중건령을 내린 B.C. 457년에 다니엘서에 나오는 2300주야를 더한 결과였다. 늘 그랬듯 종말의 일자를 정하는 오류는 성경을 자의적으로 왜곡한 결과물이었다. 1844년 10월 22일. 아무런 일이 발생하지 않자 밀러를 따랐던 사람들은 큰 좌절을 경험했다. 밀러 운동이 워낙 세가 컸던 터라 종말 예고의 실패를 대실망이라고 불렀다. 밀러 운동에 가담했던 하이람 에드슨Hiram Edson은 1844년은 재림의 해가 아니라 예수 그리스도가 하늘에 있는 성소에서 지성소로 들어가는 해라는 것을 계시를 통해 알게 되었다고 주장했다. 요셉 이츠Joseph Bates는 일요일이 아닌 토요일 안식일을 지켜야 한다고 강력하게 주장했다. 엘렌 G. 화이트Ellen G. White 여사는 밀러 운동의 낙오자들을 모아 새로운 모임을 만들었다. 엘렌 G. 화이트는 밀러 운동 아류들의 다양한 주장을 환상과 계시로 확증하고 제칠일안식일예수재림교회Seventh-day Adventists, 안식교[1]를 창시했다. 종말론 이단들이 이합집산을 일삼는 것은 새로운 일이 아니었다. 안식교는 1860년 교단 명칭을 결정하고, 1863년 대총회를 조직해 존 바잉턴John Byington을 초대 대총회장으로 선출한다. 당시 안식교 신자는 약 3,500명이었다. 북미지역에 국한되어 활동하던 안식교는 1874년 앤드루스를 스위스에 첫 해외 선교사로 파송하며 해외 활동을 시작하게 된다. 안식교는 자신들의 신도가 현재 전 세계 약 1천 4백 만 명이라고 밝힌다.

한국 전래와 이단 결의

한국 최초의 안식교인은 이응현과 손흥조로 알려진다. 안식

1 제칠일안식일예수재림교회의 공식 명칭에 대한 혼란이 많다. 안식교, 안식일교, 제7안식교 등 다양한 명칭이 사용된다. 공식 명칭은 제칠일안식일예수재림교회이며 흔히 안식교라고 부르지만 안식교인들은 자신들을 재림교인이라고 부른다.

교에 따르면 이들은 하와이로 이민을 가기 위해 일본 고베에 체류하던 중 안식교 전도사인 쿠니야 히데로부터 교리를 배우고, 1904년 6월 12일 세례를 받았다. 이응현은 하와이로 갔지만, 손흥조는 다시 한국으로 돌아왔다. 같은 해 쿠니야 전도사와 일본 선교의 책임자였던 필드F. W. Field가 내한해 포섭 활동을 시작했다. 안식교는 급속하게 한국 내에서 자리를 잡아갔다. 특히 울릉도에서 장로교회 신도 40명이 집단으로 개종하는 사건이 벌어지면서 안식교에 대한 경계의 목소리가 일기 시작했다. 이 사건을 계기로 조선예수교장로회 총회는 1915년, 한국 개신교 역사상 최초로 안식교를 이단으로 규정하게 된다.[2] 이후 1995년 대한예수교장로회 통합, 2009년 대한예수교장로회 고신, 2014년 기독교대한감리회가 각각 이단으로 결의했다. 대한예수교장로회 합동, 합신, 기독교대한성결교회 등도 안식교를 이단으로 인지한다.

주요 교리

안식교는 신구약 성경이 하나님의 말씀이고, 예수 그리스도의 동정녀 탄생, 십자가의 죽음과 부활, 승천 등을 믿는다. 하지만 안식교는 윌리엄 밀러의 분파로 시작되어 성경을 자의적으로 왜곡한 조사심판을 주장한다. 조사심판은 안식교의 핵심이자 독특한 교리다. 엘렌 G. 화이트는 1844년 10월 22일은 예수님이 재

2 조선예수교장로회 총회는 분열되기 전 한국의 하나의 장로교회였다. 당시 제칠일안식일예수재림교회는 '예수재강림제7일안식회'라고 불렀다.

림하여 종말이 올 날짜가 아니라고 주장했다. 대신 예수님이 하늘에 있는 지성소로 들어가 인간을 조사하고 심판하는 '조사심판'이 시작되는 날이라고 했다. 안식교의 최대 이단성은 이들의 배타적인 교회론과 율법주의 구원론에서 드러난다. 안식교는 마지막 때에 구원은 토요일을 안식일로 지키는 사람들만 받는다고 주장한다. 일요일 예배를 드리는 사람들은 짐승의 표를 받게 될 것이라며 요한계시록 14장을 근거로 제시한다.

> "또 다른 천사 곧 셋째가 그 뒤를 따라 큰 음성으로 이르되 만일 누구든지 짐승과 그의 우상에게 경배하고 이마에나 손에 표를 받으면 그도 하나님의 진노의 포도주를 마시리니 그 진노의 잔에 섞인 것이 없이 부은 포도주라 거룩한 천사들 앞과 어린 양 앞에서 불과 유황으로 고난을 받으리니 그 고난의 연기가 세세토록 올라가리로다 짐승과 그의 우상에게 경배하고 그 이름표를 받는 자는 누구든지 밤낮 쉼을 얻지 못하리라 하더라"(요한계시록 14:9-11)

안식교는 위 구절을 거짓 복음과 예배를 선택한 사람들의 최후라고 주장한다. 짐승과 우상에게 경배하는 것이 곧 일요일 예배이며, 일요일 예배를 드리면 짐승의 표를 받아 구원을 받지 못한다고 해석한다. 이는 토요일을 안식일로 지켜야만 구원을 받는다는 율법주의 구원으로 귀결된다. 안식교는 하나님이 남은 교회를 통해 참된 예배를 회복시키신다고 가르친다. 이들이 말하는 남은 교회는 당연히 안식교 자신들만을 말하여 참된 예배는 안식일인 토요일에 드려지는 예배를 의미한다. 안식교는 불신자의 영혼은 완전히 멸절된다는 영혼멸절설을 주장해 지옥이 없다고 가르친다. 또한 구약에서 부정하다고 규정한 음식을 먹지 않는다.

활동 현황

안식교는 한국에 정착한지 100년이 넘은 단체답게 출판, 교육, 복지, 의료, 식품 사업 등 우리 사회에 완전히 자리 잡고 다양한 활동을 펼치고 있다. 안식교의 출판사인 시조사는 월간 「시조」를 지역 사회는 물론 교도소, 구치소, 군대, 관공서 등에 배포한다. 재단법인 자동의숙을 1944년에 설립했고 1964년에 학교법인 삼육학원으로 명칭을 변경했다. 현재 전국에 삼육초등학교, 중학교, 고등학교, 대학교, 대학원 등을 운영한다. 사회복지법인을 2001년에 설립하고 전국 각지에 복지관을 세워 가정, 아동, 청소년, 장애인, 노인복지 사업을 활발하게 진행 중이다. 1936년 삼육서울병원구 서울위생병원의 전신인 경성요양원을 개원했다. 1974년에 창설된 삼육식품은 삼육두유를 시작으로 다양한 제품을 출시하고 있다. 한편, 삼육은 '체육'體育, '지육'智育, '덕육'德育을 말하는데 몸, 정신, 영이 하나님의 형상을 회복한다는 의미다.

여호와의 증인

시작과 현황

여호와의 증인은 "성경을 전하는 사람들입니다."라며 가가호호 포섭을 벌이는 모습, 길거리에 가판대를 설치하고 「깨어라」, 「파수대」 등의 책자를 홍보하는 모습, 양심적 병역거부자 등으로 많이 알려져 있다. 여호와의 증인은 찰스 테즈 러셀Charles T. Russell에 의해 미국에서 창설되었다. 여호와의 증인의 조직 운영은 러셀과 그의 동료들이 처음으로 성서 연구를 시작한 1870년 이래 현저하게 변화해 왔다.[3] 러셀은 1881년 시온의워치타워협회를 구성했다. 협회는 1884년 12월 15일, 펜실베이니아 주에서 법인이 되었다. 1896년에는 이름을 워치타워성서책자협회로 변경했고 1955년 이후부터는 펜실베이니아 워치타워성서책자 협회로 알려졌다.[4] 현재 여호와의 증인의 종교 법인명은 워치타워

3 여호와의 증인, 하나님의 왕국 선포자, 204.

4 같은 책, 229.

성서책자협회다. 러셀은 1877년, 그의 첫 책자 『주의 재림의 목적과 방법』과 『삼 세계와 현 세계의 추수』를 통해 예수 그리스도의 보이지 않는 임재가 1874년 가을에 시작되었다고 주장하기 시작했다. 1897년 「시온의 파수대와 그리스도의 임재의 전령」을 창간했고, 현재 「파수대」로 이어지고 있다. 여호와의 증인이라는 명칭은 러셀의 사망 후 2대 회장으로 취임한 죠셉 리더퍼드 Joseph F. Rutherford에 의해 사용하기 시작했다. 리더퍼드는 여호와의 증인의 조직과 교리 등을 정비한 인물로 평가된다. 러셀이 주장한 그리스도의 보이지 않는 재림의 연도를 1874년에서 1914년으로 수정했다. 기독교대한성결교회가 1993년에 이단, 대한예수교장로회 고신이 2009년에 이단, 기독교대한감리회가 2014년에 이단으로 각각 결의했다. 한국에는 1912년 R. R. 홀리스터 R. R. Hurister를 통해 전래되었다고 전해진다. 여호와의 증인에 따르면 이들의 교세는 240개국 나라 약 850만 명이라고 한다(2018년 12월 기준). 한국에는 약 10만 명이라고 주장한다(2018년 12월 기준). 한편, 여호와의 증인의 최소 조직을 회중이라고 부른다. 회중이 모이는 건물을 왕국회관이라고 한다. 회중이 약 20개가 모여 순회구를 이룬다. 왕국회관이라는 명칭은 하나님의 왕국을 전하는 데 중심지 역할을 하는 곳이라는 의미로 붙여졌고, 1930년대부터 사용되기 시작했다.

주요 교리와 사회적 인식

여호와의 증인은 예수 그리스도는 피조물이고, 성령을 하나님의 활동력이라며 삼위일체를 부정한다. 예수 그리스도가 피조된 존재라는 주장은 그리스도의 신인양성 역시 부정하는 것으로 이어진다. 예수 그리스도는 완전한 하나님인 동시에 완전한 인간이지만, 여호와의 증인은 예수 그리스도의 신성을 부정한다. 천사장 미가엘이 예수님의 다른 이름이라며 예수님이 천사장 미가엘이라고 주장한다. 여호와의 증인은 예수 그리스도의 육체적, 가시적 재림을 부정하고 1914년부터 예수님이 하늘의 왕으로 등극하여 통치하기 시작했다고 믿는다. 요한계시록의 144,000은 특별히 성별 된 무리로 천상의 왕국에서 살게 되고, 그 외에 "셀 수 없는 큰 무리"계7:9 는 지상의 왕국에서 살게 될 것이라고 말한다. 지옥을 부정하면서 악인의 영혼은 완전히 소멸된다는 영혼멸절설을 주장한다. 여호와의 증인은 자신들의 교리를 합리화하기 위해 성경을 자의적으로 번역한 『신세계역 성경』을 사용한다. 여호와의 증인은 국가체제를 사탄체제로 이해해 투표와 병역을 거부한다. 피에는 생명이 있다고 믿어 수혈을 거부한다. 실제 수혈을 거부해 사망한 사례가 다수 존재한다. 여호와의 증인의 반사회적인 교리와 문제점으로 인해 러시아에서는 활동 금지 및 법인 해산, 스위스에서는 공공장소 포섭 금지 조치가 내려진 바 있다.

양심적 병역거부 논란

2018년 6월 28일, 헌법재판소는 "대체복무제를 병역의 종류로 규정하지 않은 병역법 5조는 헌법 불합치"라고 결정했다. 우리 대법원은 2018년 11월 1일, 최초로 병역거부자에 대해 무죄 판결을 내렸다. 2004년 서울남부지방법원에서 입영거부자에 대한 첫 무죄 선고가 내려진 이후 14년 만에 대법원에서 무죄판결이 내려졌다. 문제는 병역거부자의 대다수가 여호와의 증인 신도라는 점이다. 2004년부터 2013년도까지의 병역거부자 6,164명 중 6,118명이 여호와의 증인 신도들이다. 무려 99.2%다. 여호와의 증인은 왜 병역을 거부할까? 자신들은 평화, 정치적 중립, 우상숭배라는 각각의 이유를 들지만 가장 큰 이유는 따로 있다. 여호와의 증인 신도들은 이 세상의 보이지 않는 통치자를 사탄이라고 믿는다. 병역이나 투표는 사탄의 정부를 위해 일하는 꼴이 된다. 이들이 일반적으로 선출직 공무원으로 일하지 않는 이유이기도 하다.

한 종교단체 신도들의 집단적 행위의 내면에는 반드시 '교리'가 자리 잡는다. 종교단체에서 교리는 신도들의 신념이고, 경우에 따라 목숨과도 맞바꿀 수 있는 그 무엇이다. 여호와의 증인 신도들의 입영 거부 문제는 종교적 이해를 가미해 풀어야 한다. 이들의 국가관은 이 문제에 접근할 때 간과해서는 안 되는 지점이다. 한 여호와의 증인 탈퇴자는 "(여호와의 증인) 신도가 병역을 이행하면 제명·출교를 당한다. 신도들은 종교적인 훈련을 잘 받았기 때문에 양심적 자발성이 있기도 하나, 공동체로부터 추방당한다는 두려움 때문에 어쩔 수 없이 입영 거부를 하기도 한다."라고 전했다.

예수그리스도후기성도교회

시작과 현황

예수그리스도후기성도교회The Church of Jesus Christ of Latter-day Saints, 모르몬교는 미국의 죠셉 스미스Joseph Smith가 창시했다. 모르몬교는 죠셉 스미스가 받았다는 직통 계시에 의해 시작되었다. 스미스는 1820년 봄, 하나님과 예수 그리스도를 환상을 통해 만나 어떤 교회나 교단에도 가입하지 말라는 명령을 받았다고 주장한다. 하나님은 죠셉 스미스를 통해 초대 교회의 진리와 신권을 가진 교회를 회복하겠다는 약속을 했다고 한다. 1823년 9월, 스미스는 천사 모로나이를 만나 땅속에 있는 금판을 발견하고 이를 번역하였는데, 이것이 모르몬경이라고 한다. 스미스는 계속된 계시를 통해 세례 요한과 열두 사도 등을 차례로 만나 신권을 받았다고 주장했다. 6명과 함께 모르몬교를 시작했던 스미스는 세를 급격하게 불려가던 1843년, 일부다처제를 도입한다. 이를 한 지역의 한 신문사가 폭로하자 신도들이 신문사에 불을 질렀다. 스미스는 이 일로 인해 체포되어 감옥에 갇혔다가 감옥을 습격한 폭도에 의해 살해된다. 스미스가 사망한 뒤 모르몬교는 후계자 브리검 영Brigham Young에 의해 미국 유타주의 솔트레이크에 자리 잡게 된다. 그 역시 일부다처제를 공개적으로 지지하다 에이브러햄 링컨Abraham Lincoln 대통령이 제정한 반일부다처제 법률에 의해 체포되기도 했다. 모르몬교는 일부다처제를 지지하는 것으로 인한 법률적 압박을 받았다. 모르몬교의 네 번째 지도자였던 윌포드 우드러프Wilford Woodruff는 1890년, 공식적으로 일부다처제를 인정하지 않는다고 선언했다. 모르몬교에 따르면 신도 수는 2010년 말 기준 전 세계 1,400만 명 이상이다. 약 1/7이 유타에 살고 있으며 43%가 미국인이다. 한편, 모르몬교의 공식 명칭은 예수그리스도후기성도교회다. 후기성도라 함은 초기 기독교인들과 자신들을 구별하기 위해 붙인 명칭이다. 한국에서는 말일성도예수그리스도의 교회라고 불리다가 한국선교 50주년을 맞아 지난 2005년 정확한 번역을 이유로 예수그리스도후기성도교회로 부르기 시작했다. 모르몬교라는 명칭은 그들이 경전으로 삼는 모르몬경 때문에 붙여진 별칭이다.

한국 전래와 활동

모르몬교는 한국전쟁 기간에 미국 군인들에 의해 한국으로 유입되었다. 한국인 최초의 모르몬교인은 김호직으로 알려진다. 이승만 정권 시절 국비 유학생으로 미국에 갔던 김호직은 세례를 받고 신도가 되었다. 김호직은 숙명여자대학교의 전신인 숙명여전의 교장 출신으로 이후 문교부교육부 차관까지 지내게 된다. 1962년 7월, 한국 최초의 독립적인 선교부를 조직했다. 모르몬교는 수백 명 단위의 와드와 수천 명 단위의 스테이크로 조직되어 있는데, 1973년 아시아 최초로 서울 스테이크가 세워졌다. 모르몬교에 따르면 전 세계에 1,500만 명 이상, 한국에는 8만 명 이상의 신도를 보유하고 있다고 주장하지만 그대로 받아들이기는 어려워 보인다. 모르몬교는 말끔하게 차려입은 외국인들이 무료로 영어를 가르쳐 준다며 접근한다. 이들은 대부분 20대 초반으로 한국에 들어온 모르몬교 선교사들이다.

주요 교리

모르몬교는 신론, 구원론, 교회론, 인간론 등에서 명백하게 이단적인 주장을 펼친다. 모르몬교는 하나님이 육체를 가진 존재라고 주장한다.

> "아버지는 사람의 것과 같은 만져 볼 수 있는 살과 뼈의 몸을 가지셨으며, 아들도 그러하시니라. 그러나 성신은 살과 뼈의 몸을 가지지 아니하셨고 다만 영의 인격체시니라. 만일 그렇지 아니하면 성신이 우리 안에 거하실 수 없으리라."[5]

5 『교리와 성약』 130:22.

모르몬교는 자신들만이 유일한 신권을 회복한 예수 그리스도의 교회라고 주장한다. 예수 그리스도를 믿는 것뿐만 아니라 행함이 있어야 구원을 얻는다는 행위 구원을 가르친다. 이 시대에도 지도자를 통한 하나님의 직통 계시가 있다고 믿는다. 성경 외에 『모르몬경』, 『교리와 성약』, 『값진 진주』를 성경과 동일한 권위를 가진 하나님의 말씀으로 이해한다.

전능하신
하나님의교회

시작

전능하신하나님교회동방번개는 중국의 유명 사이비 호함파의 탈퇴자 조유산이 설립했다. 1990년대부터 본격적으로 왜곡된 교리를 가르치기 시작한 그는 1992년, 양향빈을 만나 그녀를 중국에 재림한 여女그리스도로 세워 오늘에 이르고 있다. 전능하신 하나님교회, 전능신교, 이차구주파 등 다양한 이름으로 불린다. 동방번개는 "번개가 동편에서 나서 서편까지 번쩍임 같이 인자의 임함도 그러하리라"마24:27 라는 말씀을 예수님이 중국에 번개처럼 재림하신다고 곡해해 붙인 이름이다.

한국으로의 유입

동방번개는 2012년 말경부터 한국에 본격적으로 유입되기 시작했다. 동방번개는 중국 정부를 따홍룽붉은 용이라고 지칭하고 체제 저항적인 모습을 보이며 2012년 종말을 주장했다. 중국은 대대적으로 동방번개를 소탕하기 시작했다. 중국의 특성상 사이비 종교 간부급은 체포되면 사형으로 이어지는 경우가 많기 때문에, 신도들은 중국을 빠져나오기 시작했다. 특히 종교의 자유가 보장되는 한국으로 들어오기 시작했다. 동방번개는 중앙일간지와 지역 신문 등 각종 언론에 자신들을 대대적으로 광고하며 모습을 드러내었다. 2012년 말부터 2013년까지 600회 이상 언론에 광고를 게재했고, 광고비는 수십억 원에 달할 것으로 예측된다. 서울 구로구에 자리를 잡고 활동하던 중, 강원도 횡성의 한 유스호스텔을 매입해 집단생활을 했고 이후 충북 보은군에 거점을 마련했다. 강원도 횡성의 한 주민은 "동방번개 신도들이 지역 사회에 각종 봉사와 재정 지원으로 자신들의 영향력을 확대하고 있다."라고 우려하기도 했다. 동방번개의 포섭은 이미 대구광역시, 광주광역시 등 전국 대도시에서 진행되고 있다. 한편, 동방번개의 활동은 온라인에서도 활발하다. 특히 유튜브에서 전능하신하나님교회라는 채널을 개설해 한국어 콘텐츠를 생산하고 있다. '기독교'라고 검색해도 이들의 콘텐츠가 상위권에 노출된다.

주요 교리

동방번개는 예수 그리스도는 피조물이라며 삼위일체를 부정한다. 그리스도의 십자가 구속은 불완전하여, 그것을 완성하기 위해 중국에 여女그리스도인 양향빈이 재림했다고 믿는다. 이들은 오직 동방번개 안에서 여女그리스도에게 순종해야 구원을 얻을 수 있다고 믿는다. 성경은 말세를 사는 사람들에게 참고자료가 될 뿐 절대적인 권위를 가진 것이 아니라고 가르친다.

신천지와 유사한 포섭법 주의

동방번개는 한국 사회와 교회에 큰 피해를 입힌 신천지와 유사한 포섭법을 사용하고 있어 주의가 요구된다. 교회에 신도로 위장해 들어와 신임을 얻은 뒤 교회 내부 상황을 파악해 포섭 대상자를 찾는다. 친밀한 관계를 형성한 뒤 성경과 교리에 대한 질문으로 사람들에게 궁금증을 유발해 자신들의 교리를 전하기 시작한다. 이를 사전공작이라고 부른다. 사전공작에 큰 의미를 부여하고, 이를 진행하는 신도들은 동방번개의 교리로 무장하는 동시에 임기응변에 능한 사람들로 구성한다.

피해 사례

동방번개로 인한 피해 사례는 가히 충격적이다. 이들은 자신들을 비판하거나 포섭을 거부할 경우 폭력적으로 돌변해 테러를 서슴없이 감행한다. 탈퇴를 시도하는 신도의 사지를 절단하거나 신도의 초등학생 자녀를 살해하는 끔찍한 범죄를 저질러왔다. 중국의 한 목회자는 동방번개의 해악성을 설교했다가 둔기로 뒤통수를 가격당해 한동안 식물인간으로 지내야 했다고 한다. 한국의 여러 언론에도 소개된 일명 '맥도날드 살인사건'은 사이비 종교에 빠진 사람들의 사고방식을 이해하는 동시에 왜 정부가 나서서 동방번개의 문제를 해결해야 하는지를 잘 보여준다. 2014년 5월 28일, 중국의 한 맥도날드 매장에서는 포섭을 거부하는 여성을 동방번개 일가족이 집단 구타해 사망케 한 사건이 벌어졌다. 이들 가족이 피해자를 구타한 표면적 이유는 포섭 거부였다. 그런데 폭행 이유를 조금 더 깊숙이 살펴볼 필요가 있다. 폭행 당시 이들 가족은 피해자를 향해 "너는 악마야", "마귀다"라고 소리쳤다고 한다. 즉 이들은 '인간' 보다는 여성을 사로잡고 있는 '마귀'를 잡겠다고 달려들었다. 사이비 단체가 존립할 수 있는 여러 가지 요인 중 하나가 신도들이 극단적인 이분법적 사고방식을 가지도록 세뇌하는 것이다. 이들은 선과 악을 뚜렷하게 인식한다. 당연히 선은 자신들이다. 문제는 악이다. 악은 선한 자신들을 대적하는 그 모든 것이다. 자신들로부터 구원과 영생을 찬탈하려는 악을 싸잡아 '마귀사단'라고 표현한다. 가족에게도 예외 없이 적용한다. '가족은 마귀에게 조종을 받고 있다.'라는 사고방식은 이혼, 가출로 이어진다. 더 나아가 축사를 빙자한 폭행으로 목숨을 잃는 사례까지 발생시킨다. 동방번개의 활동은 제 2의 맥도날드 살인사건을 발생시킬 수 있는 잠재적 위험요소다.

라엘리안 무브먼트

시작과 현황

프랑스의 카레이서이자 자동차 경주 관련 잡지 기자였던 클로드 보리롱Claude Vorilhon, 라엘이 세운 단체다. 그는 1973년, UFO를 타고 지구로 온, 인류를 창조한 과학자 중 한 명을 만났다고 주장했다. 이들은 외계인 '엘로힘'을 하늘에서 온 사람들이라고 해석하고, 엘로힘이 지구에 와서 과학적으로 생명체를 만들었다고 믿는다. 라엘은 엘로힘이 지명한 선지자이고 라엘리안은 '빛을 나르는 사람들'이라는 뜻이다. 라엘의 첫 강의가 1974년 9월 19일, 파리에서 개최되었으며 이때 약 2,000여 명이 모였다. 1974년, 라엘의 후원단체인 마데그가 설립되었고 약 170여 명이 가입하게 되었는데, 이것이 라엘리안 무브먼트의 전신이다. 라엘리안 무브먼트에 따르면 현재 97개국 약 7만 명의 회원이 있다.

주요 교리

라엘리안 무브먼트는 SF 영화에나 나올법한 교리를 만들어 전파한다. 지구를 창조한 외계인이 엘로힘이고 그 엘로힘이 2035년까지 지구에 올 수 있도록 대사관을 만들어야 한다고 주장한다. 예수의 부활은 과학적 복제라며, 엘로힘이 예수가 숨을 거두기 전 채취해둔 세포의 유전정보DNA를 통해 생전의 모습과 똑같은 모습으로 재생되었다고 한다. 성경 해석 역시 황당한데, 가령 에스겔 37장의 마른 뼈들이 살아나는 장면을 엘로힘이 유전자복제기술을 통해 사람을 재생시키는 과정이라고 한다. 한편, 라엘리안 무브먼트는 동성애를 공식적으로 인정한다. 2004년에는 국제 라엘리안 성적소수자 단체인 아라미스ARAMIS를 창설하기도 했다.

한국에서의 활동

현재 라엘리안 무브먼트는 수도권, 대구, 부산, 대전 등 전국의 주요 도시에 지부를 두고 있다. 도서출판 메신저를 통해 자신들의 저서를 발행한다. 호기심 많고 분별력이 부족한 초등학생들을 대상으로 포섭 활동을 벌이기도 해 주의가 요구된다. 라엘은 2003년 8월, 한국에 입국을 거부당한 뒤 여전히 입국 금지 상태로 알려져 있다.

| 5부 |

불건전한 주장

사도를 인정하지 하지 않아도
많은 부분 신사도운동과 유사점이 있다면
신사도적 운동이라고 표현하는 것을 제안한다.

신사도운동

신사도운동은 대한예수교장로회 합신과 고신이 참여금지로 결의하고, 한국기독교장로회 산하 목회와신학연구소가 불건전한 신학이라고 교단 총회에 보고한 사상이다. 하지만 교단의 결의와 상관없이 많은 목회자와 성도가 이 사상에 영향을 받고 있다. 워낙 한국 교회에 깊숙하게 자리 잡아 이 운동에 영향을 받고 있음에도 신사도운동이 무엇인지 모른다고 하는 아이러니한 현상도 자주 목격한다. 신사도운동에 대한 오해도 많다. 신사도운동가들의 집회에 금가루나 입신 등의 극단적 신비주의 현상이 나타나서인지 '신비주의 = 신사도운동'으로 단순화하는 경향이 짙다. 그러나 신사도운동은 은사 지속론이면 찬성, 은사 중지론이면 반대라는 이분법적 문제가 아니다. 이 운동은 나름의 정리된 신학적 입장을 가지고 있다. 물론 전혀 새로운 신학을 주장하고 나선 건 아니다. 풀러신학교의 교회성장학자였던 피터 와그너Peter Wagner를 신사도운동의 주창자라 부르는데, 그가 이미 존재했던 여러 신학 사상들을 조직화, 체계화, 극대화했기 때문이다. 신사도운동의 주요 신학적 입장은 다음과 같다.

사도와 선지자의 현존성

신사도개혁운동New Apostolic Reformation의 정체성은 이름에서부터 확실하게 드러난다. 문자 그대로 신新 사도운동이다. 성경 시대의 사도와 선지자가 현시대에도 존재한다는 주장이 신사도운동의 핵심사상이다. 피터 와그너는 다음과 같이 말한다. "한 마디로 말해서 우리는 지금 제2 사도 시대에 살고 있다. 내가 나름대로 최선을 다해 판단해보자면, 우리는 2001년 경 부터 제2의 사도시대를 맞이하고 있다고 볼 수 있다."[1] 와그너는 체 안Che Ahn, 신디 제이콥스Cindy Jacobs, 로렌스 콩Lawrence Khong, 척 피어스Chuck Pierce 등과 함께 사도의 모임인 국제사도연맹The International Coalition of Apostles, ICA을 창설했다. 와그너는 사도를 수직적 사도, 수평적 사도 하이픈으로 연결된 사도, 일터의 사도 등 네 가지로 구분했다. 첫째, 수직적 사도는 가장 일반적인 종류의 사도로 교회나 선교 단체로 구성된 네트워크를 주도하고 그 영역 내에서 수석 사도 혹은 지도하는 사도로 존재한다.[2] 둘째, 수평적 사도는 장기적으로나 특별히 주어진 때에 혹은 특수한 과업에 대해 사도적 권

1 피터 와그너(서종대), *Dominion*(WLI KOREA, 2007), 23.
2 피터 와그너(임수산), 『사도와 선지자』(쉐키나, 2008), 70.

위를 부여받고 권위를 발휘하는 영역은 넓어진다.[3] 와그너는 사도행전 15장에 등장하는 예루살렘 공의회를 소집한 야고보를 수평적 사도의 모델로 제시하면서 자신 또한 수평적 사도라고 말한다. 셋째, 하이픈으로 연결된 사도는 사도 외에 다른 은사와 직임을 가진 자들이다. 넷째, 일터의 사도는 교회 바깥에서 사역하는 사도를 의미한다. 와그너는 일터의 사도는 대부분 자신이 사도임을 깨닫지 못하고 있는데 만약 이들이 사도라는 인정과 확증을 받게 되면 매우 급작스러운 변화가 일어나서 하나님 나라가 사회 모든 영역 안에 폭발적인 변혁의 능력으로 자리하게 될 것이라고 주장한다. 피터 와그너는 사도뿐만 아니라 선지자직도 계승된다고 말한다. 그는 사도와 선지자의 사역을 엄격하게 분리한다. 선지자는 하나님으로부터 받은 계시를 선별적으로 사도에게 알리는 역할을 한다. 사도는 선지자로부터 예언의 말씀을 받아 분별해야 하는 짐을 지는데 이 모든 과정에서 선지자는 사도에게 복종해야 한다.

일곱 산: 부로 이루는 하나님 나라

와그너는 인간이 아담의 타락으로 사탄에게 빼앗긴 세상의 통치권을 다시 찾아와야 한다는 '통치신학'Dominion 을 주장한다. 신사도운동은 세상을 종교, 가정, 교육, 정부, 미디어, 예술과 연예,

---

3 같은 책, 73.

비즈니스 등 일곱 영역으로 나누고 이를 일곱 산Seven mountain 이라고 지칭한다. 일곱 산을 정복해 사회변혁을 일으켜 이 땅에 하나님 나라를 건설하겠다고 말한다. 정복한 산 꼭대기에 사도가 위치한다. 일곱 산의 정복을 예수님의 재림과 연결시켜 하나님 나라 건설이 빨라질수록 예수님께서도 더 속히 오실 것이라고 주장한다. 심각한 문제는 신사도운동가들이 '돈'을 일곱 산 정복을 위한 수단으로 선택했다는 점이다. 신사도운동 집회에서 "부의 이동", "가난의 영을 파쇄하라.", "번영의 영을 초청하라."라는 등의 말을 쉽게 들을 수 있다. 와그너는 폭력, 지식, 부가 다른 무엇보다 사회를 변혁시켜온 주체인데 특히 부의 영향력이 막강하다고 말한다.

영적 도해: 지역을 장악하는 귀신

통치신학을 통해 신사도운동의 세계관을 알 수 있다. 신사도운동은 하나님과 사탄의 대결구도라는 이분법적 사고방식으로 세상을 바라본다. 이 사상의 결과물이 영적 도해이고, 이는 지역 귀신론과 땅 밟기로 이어진다. 영적 도해란 이 세상을 하나님이 지배하는 영역과 사단이 지배하는 영역으로 나누어 놓은 소위 영적인 지도다. 지역을 지배하는 귀신이 있는데 그 땅에 들어가 기도와 찬송으로 지역의 귀신을 무찌르는 것이 땅 밟기다. 몇 해 전 불교의 4대 성지 중 하나인 인도의 부다가야 마호보디 사원에서의 땅 밟기가 사회적으로 큰 이슈가 됐는데, 인터콥 소속 청년들이 벌인 일이었다. 이들은 문자적으로 땅을 밟고 기도한 것이 아니다. 그 지역을 장악하고 있는 영과 전쟁을 한다고 믿었을 것이다. 한국의 많은 교회와 유명 선교단체들이 땅 밟기를 한다. 땅 밟기를 하는 대다수가 상징적인 의미라고 변명한다. 물론 그 땅을 밟고 기도하는 것은 문제가 없다. 다만 땅 밟기의 유래와 그 안에 담긴 사상은 정확하게 알아야 한다. 영적 도해와 지역 귀신론은 성경이 아닌 순전히 피터 와그너의 경험에서 도출된 사상이다. 와그너는 "자신이 하나님으로부터 지역의 영들의 영역에서 주도권을 쥐기를 원한다는 음성을 선명하게 들었다."[4] 라고 말한다. 이 말씀이 마귀의 세계를 이해하는 데 초보자였던 사람에게 놀라운 임무였다[5] 고 주장한다.

열린 유신론: 미래를 보시지 않는 하나님

열린 유신론Open Theism 이란 캐나다 출신의 신학자 클락 피노크Clark Pinnock 가 주창한 것으로 개방 신론이라고도 불린다. 열린 유신론자들은 미래가 부분적으로 확정되어 있지 않고 '열려'있는 것은 하나님도 마찬가지라고 주장한다.[6] 하나님은 미래를 스스로 알지 않기로 작정하고 피조물의 의지에 따라 자신이 어떻게 행동할지 결정한다는 뜻이다. 피터 와그너는 자신을 열린 유신론자라고 밝힌다.

---

4 피터 와그너(진현우), 『변화를 위한 지침서』(WLI KOREA, 2014), 158.

5 같은 책, 158.

6 그레고리 A. 보이드, 폴 R. 에디(박찬호), 『복음주의 신학 논쟁』(CLC, 2014), 113.

각종 신비주의 현상과 종교의 영

신사도운동가들의 집회에서는 직통 계시, 입신, 치유, 집단 방언 등의 현상을 쉽게 목격할 수 있다. 신사도운동가들은 이런 현상이 교회 성장에 필수적인 요소라고 생각한다. 저들은 교회는 언제나 동일한 방식으로 성장하지 않았다며, 신사도운동이 오늘날 교회 성장의 새 가죽부대라고 주장한다. 와그너는 지난 2014년 1월 6~9일, 한국에서 열린 HIM 회복 콘퍼런스에서 신사도운동은 새 포도주를 담는 새 부대지만, 교단주의는 새 포도주를 담을 수 없는 옛 부대라고 비판했다.

임파테이션

신사도운동가들은 사도연맹을 만들고 안수를 통해 사도직을 수여한다. 안수로 성령의 능력을 전이시킬 수 있다는 일명 '임파테이션'impartation을 주장한다. 집회 도중 쓰러지고 바닥에 뒹구는 현상은 성령의 능력을 전이 받았기 때문이라고 한다.

신사도운동, 어디에서 유래했나?

서두에서도 밝혔지만 신사도운동은 피터 와그너의 창작물로 보기 어렵다. 신사도운동은 어딘가에 뿌리를 두고 있으며 와그너 역시 자신이 영향 받은 인물이나 단체, 사상들을 자주 언급한다. 그 중 가장 대표적인 인물이 삼위일체를 거부하고, 종말의 대략의 일자를 정하는 오류를 범했던 윌리엄 브랜험William.M.Branham, 빈야드 운동의 창시자 존 윔버John Wimber 다. 특히 피터 와그너는 치유나 축사 사역은 존 윔버에게 막대한 영향을 받았다고 고백했다. 이 밖에 피터 와그너는 영적 도해와 지역귀신론은 오스카 쿨만Oscar Cullmann, 잭 헤이포드Jack Hayford 로부터 영향을 받았다고 말했다. 또한 빌 헤몬Bill Hamon 이 가난의 영을 파쇄하는 데 도움을 줬다고 밝혔다. 자신이 열린 유신론자가 된 결정적인 계기는 대표적 열린 유신론자들인 클라크 피녹Clark Pinnock, 존 샌더스John Sanders, 그레그 보이드Greg Boyd 의 책을 접하면서고, 세상을 구성하는 일곱 산에 대한 패러다임은 랜스 월나우Lance Wallnau 를 초청한 콘퍼런스에서 가지게 되었다고 한다. 이처럼 신사도운동은 기독교 역사 속에서 발흥과 쇠퇴를 반복해온 많은 운동과 사상에 그 뿌리를 두고 있으며 와그너가 체계화해 극대화한 하나의 무브먼트로 이해할 수 있다.

신사도운동? 신사도적 운동?

어떤 단체가 신사도운동을 하는 곳인지 따져보려면 제일 먼저 사도직을 인정하는지 살펴야 한다. 그 다음 통치신학, 열린 유신론, 영적 도해 등을 주장하는지 살펴야 한다. 사도직을 인정하지 않는다면 신사도운동이라 보기 어렵다. 하지만 "우리는 사도직을 인정하지 않으니 신사도운동이 아니다."라고 발뺌하면서도 신사도운동이 가진 신학을 일부 차용하는 단체들이 있다. 사도를 인정하지 않아도 많은 부분 신사도운동과 유사점이 있다면 신사도적 운동이라고 표현하는 것을 제안한다.

킹제임스성경 유일주의: 말씀보존학회와 사랑침례교회

성경은 다양한 번역본이 있다. 그럼에도 유독 킹제임스성경KJV만이 '유일한 성경'이라고 주장하는 사람들이 있다(본서는 킹제임스 유일주의라고 표기). 킹제임스성경 자체는 큰 문제가 없다. 하지만 하나의 번역본에 지나친 권위를 부여하면 그때부터 문제가 발생한다. 한국에는 대표적으로 말씀보존학회의 이송오 목사사망가 영어 킹제임스성경을 번역한 한글킹제임스를 출판해 보급함으로 킹제임스 유일주의 진영을 대표해왔다. 이 목사는 개역성경은 사탄이 변개했으며, 다른 성경으로는 구원을 받을 수 없다는 극단적인 주장을 해왔다. 예장합동과 통합은 말씀보존학회를 1998년과 2002년에 각각 "이단", "반기독교 주장을 하는 곳"으로 결의했다. 킹제임스 유일주의 진영이 말씀보존학회만 있는 것은 아니다. 지난 몇 년 사이 급부상한 사랑침례교회정동수 목사의 경우 개역성경으로도 구원을 받을 수 있다는 다소 유한(?) 입장을 표명하지만, "1611년 영어 킹제임스성경이 일점일획도 오류가 없는 최종적인 하나님의 말씀"이라고 주장한다. 정 목사는 개역성경은 사탄이 변개했다는 (D.A. 카슨의 표현을 빌려) 무자비한 욕설을 여전히 하고 있으며 핵심 사상은 기존의 킹제임스 유일론자들과 크게 다르지 않다. 사랑침례교회 측은 그리스도예수안에 출판사를 통해 영어 킹제임스성경을 번역한 킹제임스 흠정역을 만들고 홍보하고 있다. 흠정역은 한영대역 관주성경, 큰 글자 성경, 작은 성경 등 다양한 버전으로 출판되었다.

원본과 사본 그리고 이문

킹제임스 유일주의를 비판하기에 앞서 사본에 대한 개념을 간단하게 정리해보자. 사본寫本은 문자 그대로 원본을 베껴 쓴 문서를 말한다. 사본학은 사본을 연구하는 학문이고 성경 사본학은 성경의 사본을 연구하는 학문이다. 현재 우리는 모세, 여호수아, 바울, 베드로 등 성경의 원저자가 직접 쓴 원본을 가지고 있지 않다. 이유는 간단하다. 고대에는 종이의 질이 현저하게 떨어져 시간이 지나면 종이가 손상 된다. '하나님께서 자신의 말씀을 보존할 수 있지 않느냐'라고 반문할 수도 있다. 물론 충분히 그렇게 생각할 수 있다. 하나님은 그만한 능력을 가진 분이다. 그러나 현재까지의 상황으로만 본다면 하나님은 자신의 특별한 능력으로 원본을 '보존' 하지 않으셨다. 말씀을 보존하기 위해 필사 즉 베껴 쓰는 작업이 필요했다. 많은 사람이 하나님의 말씀을 읽기 위해서도 필사가 필요했다. 인쇄술이 발명되기 전까진 손으로 필사하는 것구전 포함이 말씀을 보존하는 방법이었다. 문제는 필사 과정이다. 필사 과정에서 성경 본문이 변개되기도 했다. 대문자가 띄어쓰기 없이 기록된 사본의 경우 고도로 훈련된 필사자들 조차 오류를 범할 수 밖에 없었다. 또한 필사는 고된 작업이었기 때문에 노예들이 하기도 했는데 글을 모르는 노예들은 글자를 보여 따라서 그림을 그렸고 이 과정에서도 오류가 발생했다. 필사 과정에서 발생한 사본 간의 다른 단어, 문장 등을 '이문'이라고 한다. 사본이 많아질수록 이문 역시 많아진다. 학자들은 사본들과 이문들을 비교·분석해서 무엇이 원문에 더 가까운가를 찾아내는 연구를 하는데 이를 본문비평이라고 한다.

킹제임스성경, 읽어도 될까?

킹제임스성경은 말 그대로 제임스 왕에 의해 승인되고 번역된 성경이다. 스코틀랜드의 제임스 6세가 1603년에 영국의 왕이 된 후이때부터 제임스 1세로 불림 50여 명의 학자가 6개 팀으로 나눠 1607년부터 번역을 시작해 1611년에 '킹제임스성경'이 완성되었다. 킹제임스성경은 오랫동안 권위를 인정받았다. 래리 스톤Larry Stone에 따르면 킹제임스성경은 잉글랜드의 문명에 지대한 영향을 미쳤다고 한다. "영어가 온전한 언어로 형성되도록 도왔고, 영문학에 배경을 제공해 주었고, 음악을 만들도록 고무했으며, 몇 세기 동안 각 가정마다 다른 모든 것에 앞서 소유하고 읽곤 했던 유일한 책이었다."[7] 라고 한다.

7 래리 스톤(홍병룡), 『성경번역의 역사』(포이에마, 2011), 167.

킹제임스 유일주의의 시작

오랫동안 인정받았던 킹제임스성경에 대한 맹목적 믿음이 발생하면서 킹제임스 유일주의가 싹트기 시작했다. 이런 현상에 대해 미국의 개혁주의 신학자 R.C. 스프로울R. C. Sproul은 "킹제임스성경이 오랜 기간 탁월한 지위를 누리며 사람들에게 소중한 것이 되었기 때문에, 그 지위가 위협받을 때 나온 저항의 목소리"[8]라고 말한다. 킹제임스 유일주의의 뿌리는 제칠일안식일예수재림교회안식교의 신학자 벤자민 G. 윌킨슨Benjamin G. Wilkinson으로 알려져 있다. 윌킨슨 이후 제임스 재스퍼 레이James Jasper Ray, 데이비드 오티스 풀러David Otis Fuller, 에드워드 F. 힐스Edward F. Hills, 피터 S. 럭크만Peter S. Ruckman 등에 의해 유일주의는 그 맥을 이어왔다. 특히 피터 S. 럭크만은 기존의 성경을 가장 모욕적으로 비판하는 인물인데 이송오 목사가 럭크만에게 지대한 영향을 받은 것으로 알려졌다.

시편 12편을 근거로 한 보존론의 오류

킹제임스 유일주의자들은 "하나님께서 자신의 말씀을 일점일획 가감없이 보존하셨다."는 소위 '성경 보존론' 교리를 만들었다. 정동수 목사사랑침례교회는 시편 12편 6, 7절을 근거로 하나님의 말씀들이 이 킹제임스성경을 통해 완벽하게 보존되었음을 믿

8 R.C. 스프로울(길성남), 『성경을 아는 지식』, 개정판(좋은씨앗, 2009), 179.

는다고 주장한다. 킹제임스 흠정역그리스도 예수안에 은 시편 12편 6, 7절을 다음과 같이 번역한다.

> "주의 말씀들은 순수한 말씀들이니 흙 도가니에서 정제하여 일곱 번 순수하게 만든 은 같도다 오 주여, 주께서 그것들을 지키시며 주께서 그것들을 이 세대로부터 영원히 보존하시리이다"(시편 12:6-7, 킹제임스 흠정역)

정 목사는 강의 중에 이 구절을 다음과 같이 설명했다. "이게 성경보존에 대한 하나님의 약속이에요. 이걸 믿으셔야 되요. 하나님께서 영원히 보존해 주신다. 저와 여러분에게 하나님의 입에서 나온 모든 단어들, 하나님의 숨이 들어가서 살아 있는 모든 단어들을 일점일획까지 하나님이 보존해 주신다는 겁니다." 정 목사는 7절의 "그것들을"이 6절의 "주의 말씀들"이라고 주장한다. 하지만 이는 문맥을 무시한 것뿐만 아니라 문법적으로 틀린 해석이다. 6절의 "말씀들은"은 여성명사이고 7절의 "그것들은"은 남성명사다. 성, 수를 일치시켜야 하는 것은 히브리어의 기본적인 문법이다. 문법상 "말씀들은"은 "그것들은"이 될 수 없다. 7절의 "그것들은"은 5절에 나오는 "가난한 자와 궁핍한 자"다. 하지만 말씀보존학회는 한술 더 떠서 자신들이 번역한 한글 킹제임스성경에서 7절의 "그것들을"을 "이 말씀들을"로 바꾸어 번역했다.

> "주의 말씀들은 순수한 말씀들이라. 흙 도가니에서 단련되어 일곱 번 정화된 은 같도다. 오 주여, 주께서 이 말씀들을 간수하시리니, 주께서 이 세대로

부터 영원토록 그것들을 보존하시리이다"(시편 12:6-7, 한글 킹제임스성경)

히브리어 성경이나 킹제임스성경 그 어디에도 7절의 "그것들을"을 "이 말씀들을"로 번역할 만한 단어가 나오지 않는다. 유일론자들의 성경 보존론은 시편 12편을 자의적으로 해석한 데 기인한 오류다.

킹제임스성경은 훌륭한 사본을 가지고 번역했을까?

1611년 판 킹제임스성경은 구약이 히브리어, 신약이 헬라어로 되어있지 않은 영어로 된 하나의 번역본이다. 번역본을 완전한 성경이라고 주장하는 자체가 모순이다. D.A. 카슨은 "어떤 하나의 특정한 본문 형태를 두고 그것이 오류가 없다고 주장하는 것은 아무런 의미가 없다. 그 이유는 하나의 본문 형태는 사본들을 비교하여 두드러진 공통점을 가진 것들끼리 분류해서, 가장 가능성이 있는 독법을 취하는 과정을 거치면서 확립되기 때문"[9]이라고 지적한다. 킹제임스 유일론자들의 주장을 받아들일 수 없는 결정적인 이유는 킹제임스성경의 신약 기초본문이 공인 본문 Textus Receptus, TR 이기 때문이다. 킹제임스성경 번역자들이 기본적으로 TR을 사용해서 신약을 번역했다는 뜻이다. TR이라는 이름은 인쇄업자였던 엘지비어 형제가 1633년에 펴낸 성경의 서문에

9 D.A. Carson(송병현,박대영), 『킹 제임스 버전 성경의 오류』(이레서원, 2000), 101.

서 사용한 "독자들은 모두가 받아들일 수 있는 본문을 가지게 되었다. 본문에는 틀린 것이 하나도 없다."는 표현에서 유래했다. 공인이라고 하니 권위 있는 곳을 통해 인정받은 것 같지만, 실상은 책을 판매하기 위한 상업적 문구였고 이것이 대중들에게 받아들여졌다. 학자들은 TR의 권위에 대해 많은 의문을 제기한다. 이유는 간단하다. TR의 형성과정이 매우 어설프기 때문이다. 브루스 M. 메쯔거Bruce M. Metzger는 『사본학』에서 TR의 형성과정에 대해 자세하게 밝히고 있다.

"최초로 발행된 헬라어 신약성경(즉 시판된 것)은 유명한 네덜란드 학자요 인문주의자인 로테르담의 데지데리우스 에라스무스가 준비한 판이었다. … 1514년 8월에 바젤을 방문했을 때 그는 그러한 가능성을 잘 알려진 출판업자 요한 프로벤과 의논하였다(아마 처음은 아닌 것 같다). 그들의 상담은 처음에는 결렬된 것 같았지만 1515년 4월에 에라스무스가 케임브리지 대학을 방문했을 때 재개되었다. 프로벤이 친구 비아투스 리이니나누스를 통하여 에라스무스가 즉시 신약의 초판을 착수할 수 있도록 부탁하였다. 의심할 여지없이 프로벤은 스페인의 다국어 대조 성경이곧 나올 것이라고 들었으며, 헬라어 신약의 판이 시장화될 것을 알았고, 크시메네스의 작품이 끝나고 출판이 허가되기 전에 이 결정이 인쇄화 될 것을 원했다. …인쇄는 1515년 10월 2일에 시작되었고, 아주 짧은 시간 내에(1516년 3월 1일) 전체판이 끝났고 … 에라스무스 자신이 후에 선언한 것과 같이 "편집되었다기보다 오히려 재촉되었다." 출판을 서둘렀기 때문에 책은 수백 군데의 오식을 갖게 되었다. 사실 스크리브너가 언제가 "이것은 내가 아는 가장 나쁜 책이다"라고 말하였다. 에라스무스는 전부 헬라어로 된 성경 사본을 찾지 못하였으므로 신약의 몇몇 사본을 사용했다. … 계시록을 위해서는 12세기의 단 한 권의 사본밖에 없었는데, 그는 그것을 그의 친구 로이힐린에게서 빌렸다. 불행히도 이 사본은 그 책의 마지막 6개 구절들이 있는 마지막 장이 빠지고 없었다. 이러한 구절들을 위해서 요한계시록의 헬라어 본문이나 그리스어 주석으로 사본이 보충된 책에는 곳곳에 있는 몇몇 다른 구절들이 거의 분간할 수 없도록 혼합되어 있는 것 같이, 에라스무스는 라틴역에 의존하여 이 본문을 헬라어로 번역했다. 그러한 절차에서 기대되었던 것 같이, 여기저기에 에라스무스 자신이 만든 헬라어 본문은 어떤 알려진 헬라어 사본에서 한번도 볼 수 없었던 이문이었다. 그러나 그러한 것은 소위 말하는 헬라어 신약의 텍스투스 리셉투스(Textus Receptus)라는 인쇄물에서 오늘날에도 계속해서 영속되고 있다."[10]

에라스무스Desiderius Erasmus 의 판본을 기초로 이후 스테파누스, 베자, 엘지비어 형제 등을 통해 성경이 출판되었다. 엘지비어 형제의 상술로 생겨난 "모두가 받아들일 수 있는 본문" 이라는 표현 때문에 이 성경들은 사람들로 하여금 모두에게 인정된 성경으로 인식되기 시작했다. 메쯔거는 "대단히 미신적인 존경이 텍스투스 리셉투스에 바쳐졌기 때문에, 어떤 경우에는 그것을 수정하며 비평하려는 시도는 신성모독과 같은 것으로 생각되었다."[11]라고 전한다. 메쯔거가 밝힌 TR의 형성과정에 따르면 에라스무스의 헬라어 성경은 다른 사본들에 비해 명백하게 열등할 수밖에

10 브루스 M. 메쯔거(강유중), 『사본학』 개정판(기독교문서선교회, 2006), 123-124.
11 같은 책, 132.

없다. 몇 개의 사본만 사용한 것도 문제지만 요한계시록은 한 개의, 그것도 불완전한 사본으로 편집한 것이 에라스무스의 성경이었다. 학자들은 에라스무스의 편집본에는 기존의 어디에서도 볼 수 없는 본문이 들어가 있다고 지적한다. 에라스무스는 몇 차례 개정을 통해 본문을 수정했지만 그 기초는 남아 있을 수밖에 없었고 이런 오류가 킹제임스성경에 유입되었다. 문제는 여기서 그치지 않는다. 킹제임스성경은 TR만으로 번역된 성경이 아니다. 킹제임스 번역자들은 1611년 판 킹제임스성경 서문에서 당시에 사용되던 틴데일, 매튜, 커버데일, 더 그레이트, 제네바 성경까지 참고했다고 밝혔다.

(없음)이 없습니다?

기독교 주요 일간지를 통해 "(없음)이 없는 성경이 있습니다."라는 광고를 접한다. 정동수 목사가 킹제임스 흠정역을 홍보하며 자랑스럽게 내세우는 주장이다. 정 목사는 개역개정성경 등은 번역 과정에서 본문을 고의로 누락 혹은 삭제했기 때문에 (없음)이 없는 킹제임스성경 흠정역이 유일하게 온전한 성경이라 말한다. 여기에 많은 사람이 미혹된다. 결론부터 내리자면 (없음)은 고의로 누락하거나 삭제한 것이 아니다. 원래 성경에는 장, 절이 없었다. 엄밀한 의미에서 장과 절의 구분은 15세기와 16세기 사이에 이뤄졌다고 한다. 구약은 1227년 영국 캔터베리 대주교 스티븐 랭턴Stephen Langton이 라틴어 불가타역을 이용해 장을 나눴다. 이후 독자의 편의를 위해 본문에 숫자가 매겨진 것은 1551년 스테파누스Robert Stephanus의 네 번째 성경이 처음이었다. 오늘날 성경은 1560년 판 제네바 성경의 장, 절 구분을 따르고 있다. 스테파누스가 절을 표시할 때 있었던 일부 본문은, 후대에 발견된 더 우수한 사본으로 원문비평을 한 결과 후대에 추가되거나 삽입된 것으로 드러나 절을 뺀 것이다. 그러나 절 하나가 빠졌다고 숫자를 다시 매길 수는 없어 (없음)으로 표시하고 난외주를 달아 '어떤 사본에는 (어떤) 구절이 있음'으로 처리했다.

킹제임스성경만이 유일하다는 주장은 사본학적으로 지지를 받지 못한다. 킹제임스 유일주의는 현존하는 수많은 사본이 가진 가치를 무시하는 독단적이고 배타적인 주장이다.

| 6부 |

이단 사이비,
법으로 대처하기

최근에는 이단 사이비의 교리를 비판한다는 이유로
소를 제기하는 경우도 거의 없다.
교리 비판은 헌법이 보장하는 종교 비판의 자유에 포함되기 때문에
얼마든지 비판할 수 있다는 선례가 있기 때문이다.

판결문으로 보는 이단 사이비 대처법

이단 사이비 대처는 교리 비판만으로 이루어지지 않는다. 이단 사이비와의 법률적 다툼은 이단 사이비 대책 활동을 하다보면 반드시 따라오는 문제다. 이를 잘 대처하기 위해 이단 사이비 관련 사건의 내용과 판결문을 숙지하는 일은 중요하다. 이단 사이비와의 소송에서 패소하면 대책 활동에 큰 어려움을 겪는다. 반대로 승소하면 좋은 선례가 되어 불필요한 소송을 줄이는 동시에 대책에 도움이 된다. 불과 20여 년 전만 해도 '이단'이라는 단어를 사용했다는 이유만으로 이단 사이비가 민·형사상의 소송을 제기했다. 그러나 지금은 이 같은 소송이 거의 없다. 다양한 법적 판결로 '이단'이라는 용어를 사용할 수 있는 범위가 정해졌고, 적절하게 사용할 경우 문제가 되지 않기 때문이다. 최근에는 이단 사이비의 교리를 비판한다는 이유로 소를 제기하는 경우도 거의 없다. 교리 비판은 헌법이 보장하는 종교 비판의 자유에 포함되어 있기 때문에 얼마든지 비판할 수 있다는 선례가 있기 때문이다.

모욕죄와 공연성

사건 1 신천지 피해자 A는 자신의 시위 장면을 찍으려는 신도에게 "찍지 말라고 자식아", "웃긴 새끼네"라고 말했다.

사건 2 신천지 피해자 B는 시위 도중 신도에게 "너 누굴 찍겠다는 거야, 너 이 새끼, 내 얼굴을 찍겠다고?"라고 말했다.

A와 B는 모두 모욕죄로 고소당했다. 검찰은 A와 B의 욕설 사실은 인정했지만 "공연성을 인정하기 어렵다."라며 두 사건 모두 불기소처분 했다. 공연성은 모욕죄를 판단하는 중요한 요소로, 다수 혹은 불특정 다수가 모욕 사실을 인식할 때 인정된다. 일대일 대화, 전화통화 등으로는 모욕죄가 성립되지 않는다. 단, 다수 혹은 불특정 다수에게 전파될 가능성이 있다면 공연성의 조건을 충족한다고 판단한다.

사건 1의 경우, 검찰은 "당시 현장에는 피의자의 일행인 신천지 반대 시위자 1명과 고소인의 일행으로서 신천지 교인인 시위 현장을 촬영한 사람 1명 외에는 다른 사람이 없었고, 고소인이 신천지의 섭외부장 지위에 있어 고소인의 일행(촬영자)과의 인적 관계에 비추어 촬영자가 피의자의 말을 전파할 가능성이 없고…" 라고 밝혔다.

사건 2의 경우, 검찰은 "(B가) 욕설을 할 당시 C와 D가 이를 들었다고 주장하고, 둘의 진술이 이에 부합하는 것으로 보이기는 하나, C, D와 고소인은 신천지 신도로서, 자신들의 종교를 비판하는 피의자가 고소인에게 했던 욕설을 다른 곳에 함부로 전파할 것으로 보이지 않는 점에 비추어 보면, 고소인의 주장만으로 모욕 행위의 공연성을 인정하기 어렵고…" 라고 판단했다. 공연성이 인정된다고 모두 처벌되는 건 아니다. 모욕죄에서 모욕이란, 사실을 적시하지 않고 사람의 사회적 평가를 저하할 만한 추상적 판단이나 경멸적 감정을 표현하는 것을 의미한다.[1]

사건 1을 판단했던 검찰은 "단순한 농담, 무례, 불친절, 건방진 표현은 모욕이라고 볼 수 없고, 모욕의 해당 여부는 피해자의 주관적인 감정이 아니라 구체적인 상황을 고려한 다음 사회통념에 의하여 객관적 의미로 판단해야 한다."라고 불기소 이유서를 통해 밝혔다. 일례로 "부모가 그런 식이니 자식도 그런 것이다."라는 너무나 막연하여 이것만으로 상대방의 명예감정을 해하는 모욕죄로 볼 수 없다는 판결이 있다.[2] 반대로 "저 망할 년 저기 오네"는 모욕으로 판단했다.[3] 한편, 모욕죄는 부작위로도 성립할 수 있지만, 법률상의 의무가 아니라면 성립하지 않는다.

1 대법원 2016. 10. 13. 2016도9674.
2 대법원 2007. 2. 21. 2006도8915.
3 대법원 1990. 9. 25. 90도873.

저작물 인용에 따른 저작권법 위반

사건 1 바른미디어는 기독교복음선교회(이하 JMS)가 위장행사를 개최하니 주의하라는 기사를 작성하면서 위장행사 포스터를 사용했다.

사건 2 바른미디어는 JMS의 다양한 위장행사 포스터를 모아 전단을 제작했다. 피해자들은 전단을 불특정다수에게 배포해 JMS의 위장행사를 주의하라고 당부했다.

각 저작물의 저작권자가 바른미디어와 피해자들을 상대로 저작권법 위반 소송을 제기했다. 소송을 제기한 이들은 자신들의 허락을 받지 않고 저작물이 복제·배포 되었으며, 출처명시의무를 위반했다고 주장했다. 또한 저작물이 저작권자의 의도와 다른 목적으로 사용되어 저작인격권을 침해당했다고 밝혔다. 위와 같은 유형으로 바른미디어에 제기된 저작권 관련 소송은 5건 이었고, 결과는 모두 불기소 처분되었다. 검찰은 피의자(바른미디어 조믿음 발행인)가 고소인의 미술저작물을 게시한 사실은 인정되지만 "사적 이용 및 영리 목적이 아닌 사이비 이단 등의 종교와 관련된 언론발행인으로서, 사이비 종교에 미혹되는 사람이 없도록 예방하고자 공익적인 목적으로 기사를 작성하며 고소인의 미술저작물이 사용되었을 뿐, 저작권을 침해하거나 저작인격권을 침해할 의도가 있었다고 볼 수 없다."라고 판단했다. 저작권법 제28조(공표된 저작물의 인용)에 따르면 공표된 저작물은 보도·비평·교육·연구 등을 위하여 정당한 범위 안에서 공정한 관행에 합치되게 이를 인용할 수 있다고 규정한다. 제37조(출처의 명시)에 따라 출처를 명시해야 하지만 예외도 있다. 대표적인 경우가 제26조(시사 보도를 위한 이용)로서 방송·신문 그 밖의 방법에 의하여 시사 보도를 하는 경우에는 출처를 밝히지 않아도 된다.

명예훼손이 성립하지 않는 경우

사건 MBC 〈실화탐사대〉는 2019년 3월 27일, "JMS에 빠진 우리 딸을 찾아주세요!" 라는 제목의 프로그램을 방영했다. 바른미디어 조믿음 발행인은 이단, 사이비 단체의 포섭의 유형과 신도들의 심리에 대해 간략하게 설명했다. JMS 신도가 바른미디어 조믿음 발행인을 명예훼손으로 고소했다.

해당 사건은 '각하'처분 되었다. 각하는 행정법상으로 행정기관이 신청서·원서·신고서·심판청구서 등의 수리를 거절하는 행정처분을 뜻한다. 우리 대법원은 "명예훼손죄는 어떤 특정한 사람 또는 인격을 보유하는 단체에 대하여 그 명예를 훼손함으로써 성립하는 것이므로 그 피해자는 특정한 것임을 요하고, 다만 서울시민 또는 경기도민이라 함과 같은 막연한 표시에 의해서는 명예훼손죄를 구성하지 아니한다 할 것이지만, 집합적 명사를 쓴 경우에도 그것에 의하여 그 범위에 속하는 특정인을 가리키는 것이 명백하면, 이를 각자의 명예를 훼손하는 행위라고 볼 수 있다."[4] 라고 판시했다. 조믿음 발행인은 특정인을 지칭하지 않았고, 방송에서 기독교복음선교회, JMS 등의 집합적 명사도 사용하지 않았다. 방송의 맥락상 조 발행인의 설명이 JMS를 지칭하는 것으로 이해된다고 할지라도, 명예훼손죄의 구성 요건을 충족하지 않는다. 조믿음 발행인은 경찰조사 단계에서부터 위 사건은 명예훼손이 성립되지 않으니 조사를 받지 않겠다고 주장했고, 결국 조사를 받지 않고 각하 처분이 내려졌다.

인터넷카페 폐쇄 가처분

사건 하나님의교회는 하나님의교회피해대책전국연합하대연 의 네이버 카페 운영자와 네이버를 상대로 지난 2014년 인터넷카페 폐쇄 가처분 신청을 제기했다.

하나님의교회는 하대연 카페에 네 종류의 글이 지속해서 게시된다고 주장했다. 첫째, 하나님의교회는 안상홍을 아버지 하나님으로, 장길자를 어머니 하나님으로 경배하는 이단 또는 막장 사이비 종교이며, 신도들은 정신질환자들, 정신병자, 범죄 집단 이

4 대법원 2000. 10. 10. 선고 99도5407.

라는 내용. 둘째, 안상홍은 사기죄로 교도소에 있다가 교도소 식당에서 라면을 먹고 사망하였으며, 장길자는 자신의 가정을 파탄 내고 안상홍과 부첩관계였다는 내용. 셋째, 하나님의교회가 이혼 및 가출을 조장해 가정을 파괴하고 시한부 종말론을 주장해 신도들의 재산을 헌납 받았다는 내용. 넷째, 하나님의교회가 사회적으로 큰 문제가 되기 때문에 일반인들에게 알려 피해 확산을 방지해야 한다는 내용이다. 하나님의교회는 카페 회원들이 허위 사실을 게재해 자신들을 모욕한다고 주장했다. 글 상당 부분이 전체공개로 되어 있고, 그렇지 않은 글은 일반인이 검색을 통해 게시물을 확인할 수 있다고 밝혔다.

명예는 생명, 신체와 함께 중대한 보호법익이자 인격권이다. 하지만 카페 회원들이 하나님의교회에 대해 비판적인 의견을 게시한 '행위'만으로는 위법이라고 할 수 없다. 특히 종교적 목적을 위한 언론·출판의 경우 일반적인 언론·출판에 비해 고도의 보장을 받는다.[5] 우리 법원은 기사(혹은 글, 출판물 등) 삭제 여부를 인격권과 언론의 자유라는 두 가치를 비교하고[6], 게시글이 사실인지, 공익성이 있는지, 명예훼손과 모욕 등에 해당하는지 등을 포괄적으로 평가해 결정한다.[7] 수원지방법원 성남지원은 결정서를 통해 하나님의교회가 제시한 네 종류의 게시글들을 비진실성, 비공익성, 모욕, 인신공격 등 다양한 차원에서 평가했다.

5 대법원 1996. 9. 6. 96다19246, 195253.

6 대법원 2013. 3. 28. 2010다60950.

7 대법원 2009. 4. 16. 2008다53812.

카페 회원들의 글이 허위사실인지부터 따져보아야 한다. 성남지원은 결정서를 통해 "(하나님의교회가) 1988년 종말이 온다는 취지의 전도서를 만들고 인침을 받는 144,000명 외에는 모조리 멸망한다는 종말론을 주장", "하나님의교회 신도였던 임산부가 그 종교 활동을 위하여 남편과 상의 없이 낙태를 해 가정불화가 발생한 사실", "하나님의교회 신도가 종말론을 믿고 약 500만원에 달하는 비상용 물품을 구입하는 등 비정상적인 종교 생활을 했다는 사실과 함께 하나님의교회로 인해 발생한 가정파괴 사례" 들을 제시했다. 법원은 카페에 게시된 대다수 글이 허위사실로 보기 어렵다고 판단했다. 단, 장길자와 안상홍은 부첩관계였다거나 장 씨가 가정을 파탄 냈다고 볼 만한 자료가 없기 때문에 이 부분은 기사 삭제를 요구할 수 있다고 밝혔다.

카페의 게시글이 대다수 사실이라도 '공익성'을 인정받아야 한다. 영리를 목적으로 하지 않고 공공의 이익을 위한 글이어야 한다는 뜻이다. 사실을 적시해도 명예훼손이 될 수 있다. 하나님의교회는 카페에 게시된 "하나님의교회 때문에 일어난 가정파괴", "종말론을 이용한 헌금의 문제", "교리적 이단성 등을 지적하는 글"이 공공의 이익을 위해 작성되지 않았다고 주장했다. 그러나 법원은 받아들이지 않았다. 성남지원은 명예훼손적 게시물의 불법성이 명백한 때에만 게시글을 차단할 의무가 있고, 차단의무에 근거해 폐쇄의무가 발생할 수 있다고 밝혔다. 하지만 게시글 일부에 허위성과 모욕적 표현이 있어도, 게시물을 포괄적으로 판단할 때 명예훼손적, 모욕적 불법성이 명백하다고 보기 어렵다고 결정했다. 일부 허위 사실이 게재된 게시물은 삭제를 청구하면 되니 카페를 폐쇄할 이유는 없다는 뜻이다.

하나님의교회는 판결에 불복하고 항고했지만, 서울고등법원은 2014년 12월 8일 이를 기각했다. 한편, 사실이든 허위사실이든 게시물이 명백하게 명예훼손적 혹은 모욕적일 때, 그런 게시물이 전체 게시물에서 많은 비중을 차지할 때, 카페가 비방의 목적으로 개설되었을 때 인터넷카페는 폐쇄될 수 있다.[8]

시위금지 및 접근금지등가처분 신청

사건 1 하나님의교회 피해자들이 하나님의교회 총회 본부 앞에서 일인 시위를 하며, 총회 직원들의 얼굴을 촬영하고 음성을 녹음했다. 총회 본부 직원 세 명은 수원지방법원 성남지원에 피해자들을 상대로 접근금지 등가처분을 신청했다.

사건 2 신천지 피해자들이 센터 앞에서 시위하자, 한 신천지 신도가 서울남부지방법원에 피해자들을 상대로 집회시위중지등가처분을 신청했다.

사건 1의 경우 하나님의교회 신도들은 시위자들이 자신들의 얼굴을 포함한 신체를 촬영한 뒤 인터넷카페(하나님의교회피해

8 서울서부지방법원, 2012. 4. 30. 2012카합420.

대책전국연합)에 모자이크 처리해 게시하고, 일인시위 과정에서 무단으로 자신들의 음성을 녹음했다. 시위자들이 "이혼녀 장길자는 사죄하라", "사이비 여교주 장길자 나와라", "아이고 창피해라, 죄지어서 도망가는 거냐?"라고 소리를 질렀다. 시위자들의 행위로 인해 초상권, 음성권, 이동의 자유, 개인정보자기결정권, 사생활의 평온 및 명예 등이 침해되었다. 시위자들이 건물에 자유롭게 출입하면서 정상적인 업무를 수행하는 데 장애를 겪었다고 주장했다. 하나님의교회 신도들은, 일인 시위자들이 매일 08:00~09:00, 12:00~14:00, 20:00~21:00 사이에 총회 본부가 있는 성남시 분당구 수내동 WMC 빌딩 외벽으로부터 500m 이내로 접근하지 못하게 해달라고 요청했다. 또한 자신들을 촬영하거나, 음성을 녹음하지 못하도록 막아달라고 했다.

사건 2의 경우 신천지 신도는 시위자들이 (신천지 센터) 반경 100m 이내의 장소에서 현수막을 걸고 피켓, 유인물을 들거나 배포하지 않도록 하는 동시에 구호를 녹음한 녹음기를 틀거나 확성기를 이용한 집회 및 시위, 일인 시위도 하지 못하게 해 달라고 요구했다.

성남지원은 사건의 기록과 심문 전체의 내용을 토대로, 하나님의교회와 시위자들에 대한 기초 사실을 소명했다. 법원은 "(하나님의교회는) 안상홍을 아버지 하나님, 장길자를 어머니 하나님으로 경배하고, 유월절 등의 절기를 준수하며, 위 교회의 교적부를 생명책이라고 하는 것 등을 교리로 하는 종교단체"라고 적시했다. 하나님의교회 피해자들에 대해서는 "서울, 인천, 성남시 등 수도권 일대에서 하나님의교회의 신도들이나 일반인에게, 종교활동에 대하여 제기된 가정파괴, 종말론을 이용한 헌금 등의 문제점을 알리는 활동을 하는 사람들이다."라고 판단했다. 남부지방법원은 신천지 피해자들에 대해서 "신천지의 이단성을 알리는 활동을 하는 사람들"이라고 밝혔다. 법원이 소명한 기초 사실에 드러난 대로, 두 사건을 판단하는 핵심 키워드는 '종교'다. 대한민국은 종교의 자유가 있다. 종교의 자유는 자신이 믿는 종교의 선전은 물론 다른 종교를 향한 비판과 개종의 권고도 포함한다. 특별히 종교에 있어서 표현의 자유는 일반적인 언론·출판보다 고도로 보장을 받는다. 종교적 표현으로 타인의 인격권을 침해할 경우 법원은 비판행위로 얻어지는 이익, 가치와 공표가 이루어진 범위의 광협, 그 표현 방법 등 그 비판행위 자체에 관한 제반 사정을 감안함과 동시에 그 비판에 의하여 훼손되거나 훼손될 수 있는 타인의 명예 침해의 정도를 비교·고려하여 결정하여야 한다.[9] 종교비판 행위로 명예훼손이 발생할 경우 둘 중 어떤 사안이 더 중대한지 비교해서 판단하겠다는 뜻이다. 초상권이나 기타 인격권에도 유사하게 적용된다.

하나님의교회 신도들과 신천지 신도의 가처분신청은 모두 기각되었다. 먼저 하나님의교회 관련 사건에 대해 법원은 "시위자들이 인터넷카페에 신도들의 사진을 게시할 때 모자이크 처리를 하였고 신도들임을 특정할 만한 인적사항을 첨부하지 않았

9 대법원 1996. 9. 6. 선고 96다19245, 19253, 대법원 2007. 4. 26. 선고 2006다87903.

다.", "시위자들은 하나님의교회 신도들과 실랑이를 벌이는 과정에서 향후 법적인 문제를 대비하고 신변의 안전을 도모할 목적으로 (사진, 영상을) 촬영한 것으로 보인다.", "하나님의교회 신도들도 시위자들의 촬영행위를 인식 또는 용인하면서 마찬가지로 상대방을 촬영했다.", "'사이비 여교주 장길자 나와라', '광신도', '사이비 신도' 등의 표현은 신도들의 명예 등의 인격권을 침해하는 요소를 포함한다고 볼 수 있지만, 일반적인 표현 및 언론·출판과 비교하여 종교의 자유로서 다른 종교나 종교집단을 비판할 권리는 고도의 보장을 받게 된다."라는 기각이유를 밝혔다. 법원은 "이 사건의 기록과 심문 전체의 취지에 나타난 시위행위의 목적, 시위행위의 표현내용 및 방법, 그 밖의 위 시위행위에 관한 제반사정을 종합적으로 고려하면, 시위행위가 위법하다고 단정할 수 없다."라고 결정했다.

신천지의 경우는 간단하다. 법원은 "신천지 신도가 시위자들의 모든 집회를 금지하는 내용으로 가처분을 신청했으나 이같이 포괄적 금지를 구하는 것은 시위자들의 집회, 시위와 표현의 자유를 침해할 우려가 있다.", "시위는 그 내용이 대부분 신천지의 이단성 등에 관한 것으로 이는 타 종교에 대한 종교적 표현행위에 해당하여 고도로 보장할 필요가 있다.", "시위로 인해 문화센터 운영에 방해를 주었다고 하더라도 공익적 목적 등을 고려하면 종교의 자유의 한계를 일탈하여 위법이라고 볼 수는 없다."라고 판단했다. 장기간 소식이 없는 배우자나 자식을 찾기 위한 시위라는 점이 참작 사정으로 포함되었다. 많은 이단 사이비 피해자들이 피해를 호소하며 시위를 한다. 반대로 이단 사이비들은 가처분신청 등으로 피해자들의 목소리를 막으려 한다. 대한민국 헌법 21조 1항에는 "모든 국민은 언론·출판의 자유와 집회·결사의 자유를 가진다."라고 명시되어 있다. 시위자들이 적법한 집회와 시위는 규제할 수 없는 표현의 자유다.

신도와의 대화를 녹음해 인터넷카페에 게시했을 때

사건 1 하나님의교회 피해자는 시위 도중 하나님의교회 신도와의 대화를 동영상 모드로 녹음했다. 동영상에는 신도의 모습은 나오지 않고 대화 내용만 담겨있다. 피해자는 신도의 음성을 변조하지 않고 파일을 인터넷 카페에 게시했다. 신도는 사생활 침해를 주장하며 손해배상청구소송을 제기했다.

사건 2 하나님의교회 피해자는 시위 도중 하나님의교회 신도와의 대화 장면을 동영상으로 촬영해 인터넷카페에 게시했다. 신도의 얼굴은 식별되지 않도록 처리했지만, 음성은 변조하지 않았다. 신도는 사생활이 침해되었다며 손해배상청구소송을 제기했다.

두 사건 모두 무죄 판결이 내려졌다. 사건 1에 대해 법원은 "동영상 상의 음성이 원고(하나님의교회 신도)의 것이라고 인식될 수 있다고 하더라도 피고(하나님의교회의 피해자)의 1인 시위는 다른 종교에 대한 비판 의견을 공개적으로 표현한 것으로서 헌법상 보장된 종교의 자유의 범위에 속한다고 보이고", "이에 대한 원고의 제지 또는 제한을 위한 언행은 이미 공개된 것이라고 할 것이라는 점에서 그 동영상 상의 음성이 원고의 것으로 인식될 수 있다는 것만으로 그 동영상의 게시행위가 위법하다고 단정하기 어렵고", "대화 내용의 공표로 원고의 사생활이 침해되었다고 보기도 어렵다."라고 결정했다.

사건 2를 판단한 법원은 "목소리를 변조하지 않고 원고와의 대화를 그대로 게시하였다고 하여 헌법이 보장한 종교의 자유와의 관계에서 동영상의 행위가 원고의 음성권, 사생활의 비밀과 자유, 개인정보 자기결정권을 침해한 것으로 위법한 것이라고 인정할 수 없다.", "동영상에서 원고와 대화하면서 원고의 종교 내지 종교 지도자를 비판하는 내용이 담겨있고", "그 표현이 정제되어 있지 않지만, 그러한 내용의 음성이 담긴 이 사건 동영상을 인터넷에 게재한 것 역시 다른 종교에 대한 비판의 내용을 알리기 위한 것으로서, 종교의 자유의 범위에 속한다고 할 것이라."라고 밝혔다.

두 판결의 내용을 종합하면 이렇다. 비록 목소리를 변조하지 않았지만, 피해자와 하나님의교회 신도 간의 대화가 종교의 자유 안에서 허용되는 정도의 종교 비판이라면 사생활과 음성권 등을 침해했다고 보기는 어렵다. 상대방이 믿고 있는 교리적 내용을 공익적인 목적으로 공개하는 행위는 문제가 되지 않는다는 게 법원의 판단이다. 특별히 사건 1의 경우, 피해자와 하나님의교회 신도가 공개된 장소에서 서로를 촬영하고 있었다. 당시 신도는 다른 사람이 들을 수 있도록 큰 소리로 말했다. 법원은 신도의 행위가 이미 공개되었다고 판단했고, 그 때문에 음성을 공개한 것만으로는 게시행위가 위법하다고 보기 어렵다는 판단을 내렸다. 두 사건이 무죄라고 해서 녹음된 내용을 올린 행위가 늘 문제가 없는 것은 아니다. 대화의 내용이 종교비판의 정도를 넘어서는 모욕 혹은 명예를 훼손하는 표현이나 사생활에 대한 내용이 포함되어 있으면 처벌을 피하기 어렵다.

신고 되지 않은 일시에 집회를 했을 때

사건 A 종교단체 신도들이 (옥외) 집회신고를 한 날짜보다 일주일 앞서 집회를 진행했다.

집회 및 시위에 관한 법률(집시법) 제6조(옥외집회 및 시위의 신고 등) 제1항에 따르면, 집회 혹은 시위를 주최하려면 집회 시작 720시간 전부터 48시간 전에 관할 경찰서장에게 신고서를 제출해야 한다. 이를 위반할 경우 집시법 제22조(벌칙) 제2항에 의거해 "집회 또는 시위를 주최한 자는 2년 이하의 징역 또는 200만 원 이하의 벌금"에 처하게 된다. A 단체의 집회는 집시법을 위반한 미신고 집회였다. 그런데 집회 주최자에 대해 1심에서 유죄가 선고되었지만, 2심에서 무죄가 선고되었다. 집시법을 위반한 주최자에게 무죄판결이 내려진 이유는 무엇일까? 피고인[10]들은 재판과정에서 지금껏 여러 차례 시위를 해왔는데 한 번도 일시를 어겼던 적이 없었고, 경찰로부터 적법한 집회신고가 없었다는 통보를 받은 즉시 해산했다며 '법률의 착오'를 주장했다. 법률의 착오란, "자신의 행위가 법령에 의하여 죄가 되지 않은 것으로 오인한 행위는 그 오인에 정당한 이유가 있는 때에 한하여 벌하지 아니한다."라는 형법 제16조를 의미한다. 1심 재판부는 피고인들의 주장을 받아들이지 않았다. 재판부는 "집회신고서를 확인하여 정확한 일자를 충분히 알 수 있었던 점", "이 사건 집회신고 당시 집회 일자가 특정되었을 것으로 보이는 점" 등에 비추어 착오에 정당한 이유가 없다고 밝히며 피고인 두 명에게 각각 벌금 100만 원을 선고했다.

판결은 항소심에서 뒤집어졌다. 2심 재판부의 사건을 바라보는 시각은 1심 재판부와 달랐다. 2심 재판부는, "형사재판에서 범죄사실의 인정은 법관이 합리적인 의심을 할 여지가 없을 정도로 공소사실이 진실한 것이라는 확신을 하게 하는 증명력을 가진 엄격한 증거여야 한다. 검사의 입증이 위와 같은 확신을 하게 하는 정도에 충분히 이르지 못한 경우에는 비록 피고인의 주장이나 변명이 모순되거나 석연치 않은 면이 있는 등 유죄로 의심이 간다고 하더라도 피고인의 이익으로 판단하여야 한다."[11]라는 대법원의 판결을 전제로 이 사건을 들여다보았다. 재판부는 "피고

10 시위의 주최자였던 A 단체 소속 신도 두 명

11 대법원 2011. 4. 28. 선고 2010도14487.

인들은 경찰로부터 미신고 집회라고 지적을 받자 집회신고 일시를 내부적으로 검토했고", "미신고 집회임을 확인하자 즉시 집회를 해산시켜 철수했으며", "당일 다시 집회신고서를 작성·제출했다", "이러한 피고인들의 반응을 볼 때 피고인들은 이 사건 집회가 미신고 집회임을 알지 못했던 것으로 보이며", "안 즉시 해산시킨 것으로 보아 (미리) 알았더라도 용인할 의사가 있었던 것으로 보기 어렵다."라고 판단했다. 재판부는 (피고인들이) 신고 되지 않은 집회라는 점을 인식했거나 신고 되지 않은 집회라는 점에 관하여 미필적 고의[12]를 가지고 이 집회를 개최하였다고 보기 어렵다며 무죄를 선고했다.

재판의 쟁점은 '피고인들의 집시법 위반 행위에 법률적 착오를 적용할 것인가'였다. 재판부는 사건의 정황을 분석해 피고인들의 착오 여부를 판단했고, 1심은 유죄, 2심은 무죄를 선고했다. 미신고 집회는 위법이다. '법률적 착오'의 주장이 매번 받아들여지지는 않는다. 이단 사이비 피해자들은 많은 집회를 하므로 의도치 않게 실수할 수 있다. 집회신고 후에는 개최일시, 인원, 장소 등이 적힌 접수증을 발부받는다. 집회 전에 접수증을 한 번만 확인한다면 실수로 인해 벌어지는 불필요한 송사를 줄일 수 있다.

---

12 자신의 행위로 인해 범죄가 발생할 가능성을 예견하고도 그 행위를 인용하는 심리상태

이단 사이비의 건축 문제에 관한 판결들

이단 사이비의 건축 및 용도변경 시도로 수많은 지역에서 분쟁이 벌어졌다. 지으려는 이단 사이비와 저지하려는 지역 주민 및 민원을 고려해 건축 허가를 내주지 않은 공공기관 사이에 법적 분쟁이 있었다. 대표적으로 신천지의 경우 과천, 익산, 부산, 인천 등 전국 각지에서 건축이 무산된 바 있다. 신천지의 건축 소식을 들은 해당 지역들은 발 빠르게 범시민연대를 구성, 사회적으로 물의를 일으키는 사이비를 지역에 발붙이게 할 수 없다고 강력하게 반발했다. 신천지의 본부가 있는 과천에서는 자신들의 소유인 중앙동 40-3번지 건물의 신축을 2008년부터 꾸준히 시도했지만, 여러 차례 불허 처분을 받았다. 과천시범시민연대의 적극적인 대응이 주요했고, 과천시청은 공익을 불허의 가장 큰 원인으로 내세우기도 했다.

신천지는 2011년 6월, 전북 익산시 어양동에 건축을 위해 건축허가 신청을 익산시에 냈다. 익산시가 이를 받아들이지 않자 신천지는 익산시를 상대로 소를 제기했고 다툼은 대법원까지 이어졌다. 대법원은 "건축을 허가할 경우 극심한 지역사회와 갈등이 현실화되어 갈등으로 말미암은 사회·경제적 손실은 막대할 것이라고 봄이 상당하다"며 신천지의 주장을 받아들이지 않았다. 부산 안드레지파는 2013년, 연산동 일대에 건축을 시도했지만, 연제구청은 건축 심의를 거부했다. 부산시민연대는 건축 반대를 위한 긴급기자회견을 열고 침묵시위, 집회 등으로 건축을 반대했다. 안드레지파는 부산지방법원에 행정소송을 제기했지만 갑작스레 소를 취하했다. 안드레지파와 계약을 맺었던 기아모터스는 연산동 부지를 다른 업체에 매각한 것으로 전해진다.

용도변경이 불허된 사례도 있다. 신천지는 2015년 11월, 인천 중구 신흥동 3가 31-35번지 건물에 대한 용도변경을 인천 중구청에 신청했지만 불허되었다. 당시 구청 관계자는 신천지와 지역사회의 갈등이 심화될 수 있어 공익상 이유로 불허했다고 밝혔다. 신천지의 건축 시도를 저지한 사례들을 종합할 때, 건축을 막을 방법은 '공익'으로 귀결된다. 지역 교계와 시민단체가 연합해 범시민연대를 조직하고, 신천지가 반사회적인 문제를 일으키는 '사실'에 근거한 문제 제기를 펼칠 때 가능한 일이다. 우리 대법원은 건축법상 하자가 없어도, 중대한 공익적 사유가 있으면 신축 혹은 용도변경을 불허할 수 있다는 입장을 내놓은 바 있다.

2014년 2월 13일 대법원 판결 중(2012두27367)

"원고(신천지)가 건축하려는 종교시설을 둘러싼 위와 같은 갈등양상에 비추어 볼 때, 원고가 소속된 종교단체가 위의 주장과 같은 심각한 폐해를 유발하는 이단인지에 관한 사실 여부를 차치하더라도, 이 사건 신청에 대하여 허가를 하는 경우 극심한 지역사회의 갈등이 현실화되어 오랫동안 계속되고 그 갈등으로 말미암은 사회·경제적 손실이 막대할 것이라고 봄이 상당하지, 그러한 갈등이 초래한 막연한 가능성만이 있다고 단정할 것이 아니다. … 학교주변 환경이 학교 교육에 커다란 영향을 끼치는 것은 자명하고 … 종교시설의 신축을 불허가할 공익상의 필요가 있고, 이는 그 불허가로 인하여 원고가 입게 되는 불이익을 정당화할 만큼 중대한 것이라고 봄이 상당하다."

거점을 마련한 신천지는 주거지, 학교, 상가 등지에서 온갖 거짓말로 사람들을 미혹하려 들 테다. 거점을 내주지 않는 것이 중요하다. 불허의 선례들이 있다. 관건은 지역 교계와 시민들의 의식과 책임 있는 행동이다.

사기로
처벌 가능할까?

종교의 탈을 쓰고 대한민국 헌법이 고도로 보장하는 종교의 자유를 방패 삼아 피해자를 양산하는 사이비. 이들을 법적으로 제재할 방법은 없을까? 대한민국 모든 국민은 헌법으로 종교의 자유를 보장받는다. 종교의 자유는 크게 네 가지로 구분된다. 첫째, 신앙의 자유다. 종교의 선택, 변경 혹은 무신앙의 자유, 신앙고백을 강요받지 않고 종교로 차별 받지 않을 자유를 말한다. 둘째, 종교적 행위의 자유다. 종교 행사에 참여할 자유, 행사 참여에 강요당하지 않을 자유를 뜻한다. 셋째, 종교적 집회의 자유다. 종교적 조직 결성, 집회 주최의 자유, 조직과 집회 참석의 자유를 포함하는 개념이다. 넷째, 선교의 자유다. 자신이 믿는 교리를 교육하고 전파할 자유, 타종교를 비판할 수 있는 자유를 말한다. 대한민국은 종교의 자유를 보장하는 폭이 넓다. 종교적 목적을 위한 언론·출판의 경우는 일반적인 언론·출판보다 고도로 보장받는다.

교리 논쟁이나 비판의 경우는 최대한의 보장을 받는다.[13]

종교의 자유가 최대한 보장된다고 모든 종교적 행위가 허용되는 건 아니다. 사람이 무엇을 믿는지는 자유지만, 그 믿음으로 인해 발현된 행위가 불법이라면 국가는 제재를 가할 수 있다. 헌법 제37조 2항은 "국민의 모든 자유와 권리는 국가안전보장, 질서유지 또는 공공복리를 위하여 필요한 경우에 한하여 법률로써 제한할 수 있다."라고 명시한다. 종교의 자유는 불가침의 영역이 아니다. 헌법은 종교적 일탈을 보호해주지 않는다. 복수의 사이비종교 교주가 '사기죄'로 처벌받은 일이 대표적인 사례다.

다미선교회

다미선교회의 교주 이장림은 1992년 10월 28일, 휴거가 일어난다고 주장했다. 이 씨는 영생을 받아야만 휴거 할 수 있다며 신도들을 기만했다. 신도들은 재산을 처분해 다미선교회에 바쳤다. 이장림은 신도들이 자발적으로 나왔으며, 자신은 1992년 10월 28일 휴거를 확신했다고 주장했다. 하지만 이 씨가 1993년 5월 22일에 만기 되는 환매채를 사들인 사실이 들통났다. 이 씨가 종말을 믿지 않았다는 결정적인 증거였다. 이 씨 자택의 침대 밑에서 외화 26,711달러가 발견되기도 했다. 당시 서울지방검찰청은 이 씨를 사기 및 외환관리법위반으로 구속했다. 1심에서 사기,

13 대법원 1996. 9. 6. 선고 96다19246, 19253, 대법원 2007. 4. 26. 선고 2006다87903.

외국환관리법위반, 폭력 행위 등 처벌에 관한 법률 위반 혐의로 징역 2년을 선고받았고, 항소심에서 징역 1년을 선고받았다.

영생교

한국의 수많은 자칭 재림주 중 하나였던 조희성은 자신을 하나님이라고 칭했다. 구원과 영생을 빌미로 신도들의 재산을 갈취했다. 대법원은 조희성에 대해 "신도들을 상대로 하여 자신을 스스로 '하나님', '구세주', '이긴 자', '생미륵불', '정도령', '완성자' 등으로 지칭하면서 자신은 성경의 완성이고 모든 경전의 완성이자 하나님의 완성으로서 자기를 믿으면 모든 병을 고칠 수 있을 뿐만 아니라 핏속의 마귀를 박멸 소탕하여 영원히 죽지 않고 영생할 수 있으며", "자신이 인간들의 길흉화복과 우주의 풍운조화를 좌우하므로 1981년부터 10년 동안 한국 땅에 태풍이나 장마가 오지 못하도록 태풍의 진로를 바꿔 놓고 풍년들게 하였으며", "재물을 자신에게 맡기고 충성하며 자기들이 시행하는 건축공사에 참여하면 핏속의 마귀를 빨리 박멸 소탕해 주겠다고 하고", "자신이 하나님인 사실이 알려져 세계 각국에서 금은보화가 모이면 마지막 날에 1인당 1,000억 원씩을 나누어 주겠으며", "헌금하지 않는 신도는 하나님이 깍쟁이 하나님이므로 영생할 수 없다는 취지의 설교를 사실인 것처럼 계속하여 신도들을 기만하였음이 분명한 이상 이는 종교의 자유의 한계를 일탈했다."라고 판단했다. 법원은 기만당한 신도들로부터 고액의 헌금을 받은 것은 형법상 사기에 해당한다고 판단했다. 대법원은 "종교의 자유는 인간의 정신세계에 기초를 둔 것으로서 인간의 내적 자유인 신앙의 자유를 의미하는 한도 내에서는 밖으로 표현되지 아니한 양심의 자유에 있어서와 같이 제한할 수 없지만", "그것이 종교적 행위로 표출되는 경우에서는 대외적 행위의 자유이기 때문에 질서유지를 위하여 당연히 제한을 받아야 하며 공공복리를 위하여서는 법률로써 이를 제한할 수도 있다."라고 판시했다.

천존회

천존회는 1979년 모행룡과 그의 부인 박귀달이 창시한 사이비 단체다. 이들은 천존의 계시를 받았다고 주장했다. 2000년을 마지막 때로 정한 시한부 종말론을 설파하며 종말의 때에 천존회 신도들만이 살아남을 수 있다는 취지의 설교를 해왔다. 이들은 신도들을 이용해 10년 동안 전국 5천여 곳의 금융기관을 상대로 2,432건의 신용대출사기를 저질러 약 300억 원을 거둬들였다. 검찰 관계자는 확인되지 않은 피해액까지 합치면 전체 사기 규모는 1,500억 대에 달할 것으로 추산된다고 밝힌 바 있다. 당시 재판부는 "피고인(천존회 교주 및 간부들)들이 시한부 종말론을 내세우며 성전건립기금으로 사기 대출을 한 점 등 종교의 자유에 근거해 보호받을 권리 범위를 벗어난 부분에 대해서는 책임을 면할 수 없다."라고 판결했다. 교주 모행룡과 박귀달은 각각 징역 8년과 5년을 선고받았고, 30여 명의 간부가 실형을 선고받았다.

기타 사례

다미선교회, 영생교, 천존회 등 우리 사회를 떠들썩하게 한 굵직한 사건 외에도 소위 종교를 빙자한 사기극은 끊임없이 곳곳에서 벌어졌다. '헌금하면 눈이 완치된다며 신도의 생활보조금 1천만 원을 갈취해 집행유예가 선고된 사례', '천국을 보내주겠다고 헌금을 요구해 1억 6,000여만 원을 받았다가 징역 8개월이 선고된 사례', '6명의 신도로부터 그들의 미래를 예측할 수 있는 능력이 있는 것처럼 말하거나, "곗돈을 하나님께 드리지 않으면 남편이 사고가 나서 크게 다친다.", "몸속에 있는 닭 귀신을 빼내야 한다. 닭 귀신을 빼내려면 헌금이 필요하다.", "몸속에 이혼을 시키는 무당 귀신을 빼내지 않으면 막내아들이 이혼하게 되니 무당 귀신을 빼내기 위해 헌금을 하라."라는 등의 주장으로 2억 이상의 금액을 갈취했다가 징역 1년을 선고받은 사례' 등이 있다.

사기죄 구성요건

사기죄 구성의 가장 중요한 요인은 '고의적 기만'과 '기만에 의한 헌금'으로 압축된다. 형법 제347조(사기죄)에 의하면 사기죄는 "사람을 기만하여 재물의 교부를 받거나 재산상의 이익을 취득"할 때 성립한다.[14] 고의적 기만은 어떻게 입증할까? 기만을 증명하는 핵심요소는 '교리'다. 법원이 종교적 일탈 행위의 수준이

14 형법 제247조 1항. 사람을 기만하여 재물의 교부를 받거나 재산상의 이익을 취득한 자는 10년 이하의 징역 또는 2천만 원 이하의 벌금에 처한다. 2항. 전항의 방법으로 제삼자로 하여금 재물의 교부를 받게 하거나 재산상의 이익을 취득하게 한 때에도 전항의 형과 같다.

라고 판단한 교리는 "종말의 날짜를 정한 시한부 종말론", "메시아, 구원자, 재림 예수 등으로 사람을 신격화", "인간을 특별한 초능력이 있다고 묘사"하는 정도다. 가령 "헌금하면 복 받을 수 있다." 정도는 기만으로 볼 수 없다. 교주가 주장하는 교리를 교주 스스로 믿지 않았음을 증명하는 일이 중요하다. 다미선교회의 경우 이장림이 주장한 휴거 일자 이후에 만기가 되는 환매채를 사들인 사실은 사기죄가 성립되는 결정적 증거가 되었다. 사기죄를 판단하는 또 하나의 요인인 재산상의 이익은, 기만을 통한 헌금을 뜻한다. 사기는 금전적 손해에 대한 처벌이므로 헌금내역을 증빙해야 한다. 영수증(혹은 기부금영수증)이나 계좌이체 내역이 가장 확실한 증빙방법이다. 기부금영수증은 결정적인 증거가 된다. 증빙자료가 부족하면 복수의 증언이 필요하다. 김보라미 변호사법률사무소 디케는 "교리를 주장하는 자가 진실이 아니라는 것을 알면서도 이익을 취득하기 위해 이를 주장했고, 그 허위의 주장이 헌금을 하게 된 주된 원인이 되었다면 사기가 될 수 있다. 이때 교리가 허위임을 알면서도 금전을 받은 행위에 가담한 자들은 모두 공범이 될 수 있다. 다만, 처음부터 (교리가) 사실이 아님을 알았는지 입증하는 것이 사기입증에서 어려운 점이다."라고 전했다. 헌금의 액수도 중요하다. 금액에 따라 형량이 달라진다. 사기죄는 기본적으로 형법 제347조 제1항에 의하여 10년 이하의 징역 또는 2천만 원 이하의 벌금에 처한다. 하지만 이득액이 5억이 넘어갈 경우 '특정경제범죄 가중처벌 등에 관한 법률'에 따라 처벌한다. 5억 원 이상 50억 원 미만일 때는 3년 이상의 징역, 50

억 원 이상일 때는 무기 또는 5년 이상의 징역에 처한다.

또 한 가지 중요한 사실이 있다. 헌금의 자발성은 사기죄 성립에 주된 요인이 아니다. 사기죄로 처벌받은 교주 대부분이 헌금은 신도들이 자발적으로 했기 때문에 사기죄에 해당하지 않는다고 주장했다. 하지만 법원은 헌금이 자발적인 기부 형식으로 지급되었다 할지라도 사기죄는 성립한다는 복수의 판결을 내려왔다. 사기 이후 피해자에게 일정 금액을 갚았어도, 사기죄의 성립에는 영향을 주지 못한다.

사기 인정되면 손해배상 가능, 소멸시효가 처벌 시점이라는 판결도 있어

사기죄가 인정되면 손해배상도 가능하다. 천존회의 한 피해자는 시한부 종말론에 속아 재산을 헌납했다며 교주 모행룡을 상대로 손해배상청구 소송을 제기해 승소했다. 이 재판에서 주목할 지점은 손해배상청구권의 소멸시효에 대한 판단이다. 손해배상청구권의 소멸시효란 손해 및 가해자를 안 날로부터 3년간 손해배상을 청구하지 않을 경우 손해배상을 청구할 수 없게 되는 것을 말한다.[15] 천존회 사건의 경우 손해배상청구권의 소멸시효가 피해자가 사기임을 인식한 시점부터가 아닌 천존회가 법적 처벌을 받은 시점이라는 판결이 내려졌다. 영생교의 경우 당시 재판

15 민법 제766조

부는 "(피해자들이) 허황된 교리에 기만되어 주변 사람들의 간곡한 만류를 뿌리치고 조희성을 전지전능한 하나님 등으로 추앙하며 그의 지시에 절대복종하느라 자신들의 정상적인 가정생활이나 사회생활을 포기하였을 정도로 비정상적인 집단적 최면상태에 빠져 있었다면, 그들이(피해자) 교리에 회의를 느껴 승리제단을 멀리하기 시작했어도 편취행위의 위법성에 대해 반신반의하고 있는 상태라고 보아야 할 것이므로, 조 씨가 다른 신도들에 대한 사기행위로 인하여 구속된 사실을 알았어도 바로 (피해자들이) 편취행위에 위법성이 있음을 인식했다고 보기는 어렵다."라고 판단했다. 우리 대법원은 민법 제766조 제1항에서 말하는 '손해를 안 날'에 대해 "손해의 발생 및 가해행위와 손해와의 인과관계뿐 아니라 가해행위의 위법성이 있다는 사실까지 피해자가 알았을 때를 의미한다."라고 판단한다.[16]

한국의 대표적인 사이비인 하나님의교회는 법의 심판을 받은 다미선교회, 영생교, 천존회 등과 유사점이 많다. 하나님의교회는 사망한 안상홍을 하나님으로, 장길자를 어머니 하나님이라 지칭하고 1988년과 2012년 사이에 세상의 종말을 주장해 신도들에게 헌금을 받아왔다. 하나님의교회 수뇌부는 종말을 주장하고 과연 스스로 그것을 믿었을까? 몇 가지 의혹을 제기할 수 있다. 첫째, 하나님의교회는 1999년 9월 1일, 분당 이매동에 건물을 짓기 위해 공사를 시작했다. 공개된 도급계약서에는 준공 일자가

16 민법 제766조

2000년 9월 1일로 명시되어 있다. 1999년 종말을 주장하면서 다음 해에 완공되는 건물을 짓고 있었다는 이야기다. 종말을 믿지 않았다는 증거다. 2012년 종말 불발 이후에는 신도들 입단속에 들어갔다. 한 탈퇴자는 종말을 주장했던 사실을 비밀로 하라는 지시가 내려왔었다고 증언했고, 종말에 관련한 책자를 숨기기도 했다. 심지어 자신들은 종말을 주장한 적이 없다며, 하나님의 교회가 시한부 종말론을 주장했다고 보도한 언론사들을 대상으로 소송을 제기하기도 했다. 하나님의교회 지도부가 종말을 믿었다면 보일 수 없는 행동들이다. 신천지는 이만희를 신격화해 이 시대의 구원자로 내세우고 종교를 신천지로 대통합 하겠다고 주장하며 (자신들이 주장하는 조건이 충족되면) 이 땅에서 죽지 않고 영원히 산다는 허황된 교리를 설파한다. 문제는 신천지 수뇌부가 지속해서 핵심 교리들을 변개해왔다는 점. 자신들의 교리를 믿지 않았다는 방증 아닐까?

사이비종교특별법은 가능한가?

세월호 사건과 최순실 국정농단 사건이 연이어 터지면서 언론은 그동안 잘 쓰지 않던 이단과 사이비라는 단어를 스스럼없이 사용하기 시작했다. 지난 몇 년간 이단 사이비에 대한 공신력 있는 정보도 유통되었지만, 소위 카더라 통신이 만들어낸 잘못된 뉴스들도 보도되었다. 보도의 사실여부는 차치하고, 이런 현상은 사이비에 대한 사회적 관심을 높이는 결과로 이어졌다. 분위기에 편승해 교계와 일부 이단 사이비 피해자들은 사이비를 처벌할 수 있는 특별법을 만들어야 한다고 목소리를 내기 시작했다. 주요 교단의 이단대책위원회위원장, 몇몇 이단연구가들이 앞장서서 사이비종교특별법 제정을 촉구했고, 다수의 교계 언론이 이를 보도했다. 일부 피해자들은 법 제정을 위한 서명운동을 전개해 왔다. 대한예수교장로회 통합은 2017년 9월에 열린 제102회 총회에서 "사이비이단피해조사 및 배상특별법" 연구보고서를 통과시켰다. 총회는 한국의 주요교단들과 함께 입법을 위한 서명운동을 진행하기로 했다고 밝혔다. 지난 몇 년간 말로만 떠돌던 사이비 종교특별법의 구체적인 내용을 담은 문건이 처음 공개된 셈이다. 문제는 보고서에 허점이 많다는 데 있다.

특별법 제정을 촉구하는 법의 명칭에는 유사종교 혹은 사이비 종교라는 이름이 붙는다. 그 때문에 법을 제정하려면 유사종교, 사이비 종교에 대한 정의를 반드시 내려야 한다. 이 법이 현실화되기 어려운 가장 큰 이유가 여기에 있다. 종교의 자유를 헌법으로 보장하는 대한민국에는 유사 혹은 사이비를 결정할 '주체'가 없다. 사이비는 법률적 용어가 아니다. 우리 정부와 법원은 특정 단체를 사이비라고 규정하거나 강제하지 않는다. 각 교단에서 발표하는 이단 사이비에 대한 결의와 규정은 해당 교단에 한해서 적용되지, 일반 사회로 그 영향력이 확대되지 않는다. 예장통합의 보고서에도 이런 문제가 드러난다. 통합의 사이비 이단 피해 조사 및 배상 특별법 연구보고서는 아래와 같이 명시한다.

> 제2조(정의) 이 법에서 사용하는 용어의 뜻은 다음과 같다.
>
> 1. "사이비 이단 종교 집단"이란 종교라는 이름을 가지고 활동을 하고 있으나 실상은 건전한 종교 단체가 아니라 반사회적, 반윤리적인 집단을 말한다.
> 2. "사이비 이단 종교 집단"이란 국제적으로 인정받는 종교의 교단 총회가 사이비 이단으로 규정한 집단을 말한다.

두 문장을 종합하면 사이비는 '국제적으로 인정받는 총회가 결의한, 건전하지 않은 종교단체'가 된다. 지나치게 모호하다. 국제적으로 인정받는 총회란 무엇을 말할까? 언제, 어디서, 누가, 무엇을, 어떻게, 왜 인정했는지 제시할 근거가 전혀 없다. 건전하다는 말도 마찬가지다. 많은 사이비 종교 신도들이 불법하고 무법한 행위들을 해왔지만, 정통교회 안에도 반사회적이고 반윤리적인 문제를 일으키는 교역자, 직분자가 수두룩하다. 건전함의 잣대는 사이비든 정통이든 동일하게 적용해야 한다. 통합의 논리대로라면 정통교회특별법을 만들어 정통교회를 자처하면서 범죄를 저지를 때 특별법으로 처벌하자는 주장을 할 수 있다. 사이비종교특별법 혹은 유사종교특별법의 허점은 이런 양면성을 간과하는 데 있다.

법에는 명확성의 원칙이 있어야 한다. 명확성의 원칙이란 '어떤 행위가 불법이 되는지가 명확해야 한다'는 원칙이다. 이 원칙에는 불법한 행위가 어떤 법에 의해, 어느 정도로 처벌되는지를 예측할 수 있는 '예측혹은 예견 가능성'이 포함되어 있다. "포섭하는 자가 자기의 신분이나 종교적 소속을 위장하거나 속이고 포섭 대상자에게 접근하여서는 안 된다."라는 통합의 보고서 내용은 명확성의 원칙에 어긋난다. 접촉 자체를 불법으로 규정할 수도 없고, 접촉만으로는 어떤 피해가 일어날지, 그에 따라 어떻게 처벌해야 할지 예측할 수 없다. 또한 아무리 포섭의 상황이라도 "자신의 종교 소속을 밝히기를 요구할 때는 반드시 종교를 밝혀야 한다."라는 규정은 개인의 양심의 자유를 침해할 소지가 다분하다.

실현 불가능한 내용을 담은 연구보고서가 최대 교세를 자랑하는 한 교단의 총회에서 그대로 통과되었다는 사실이 쉽게 이해되지 않는다. 유사종교 혹은 사이비종교의 법률적 정의를 그 누구도 내릴 수 없는 대한민국의 상황에서 특별법 제정을 촉구하기보다 현실적인 대안을 마련하는 것이 피해자들을 위해서도 바람직한 일이다.

신천지 신학원 문제 다시보기

신천지 교세 확장의 일등 공신은 신천지 신학원이다. 신천지라는 간판을 달지 않고 다양한 이름으로 위장한 신학원에서 많은 사람이 신천지 교리를 주입당했다. 신천지 피해자들은 신천지의 신학원이 "학원의 설립·운영 및 과외교습에 관한 법률"(학원법) 저촉된다고 두 차례 고발했지만 불기소 처분되었다. 문제는 불기소처분 과정에 대해 몇 가지 문제를 제기할 수 있다는 점이다.

불기소처분 이유

학원법상 학원은 '10인 이상의 학습자불특정 다수에게 30일 이상 학습장소로 제공되는 시설'을 의미한다. 신천지 신학원은 일반적으로 6~7개월 과정이고 인원은 20명 이상인 경우가 대부분이다. 학원법상 학원에 해당한다. 그런데도 두 차례의 고발이 불기소처분된 이유는 무엇일까? 신천지 피해자들은 지난 2007년, 수원지방검찰청에 신천지 신학원을 단속하라며 고발 조치했다. 사건을 맡은 과천경찰서는 안양과천교육지원청에 신천지 신학원의 학원법 적용 대상 여부를 질의했다. 안양과천교육지원청은 신학원이 '내부교육기관'인 동시에 '종교교육'이기 때문에 규제대상이 아니라는 입장을 전했고, 검찰은 불기소처분했다. 한 해 뒤인 2008년에는 신천지대책전국연합신대연의 민원을 받은 서울 서부교육청이 신천지 신학원은 학원법 적용대상이라고 판단해 서대문구 충정로에 있는 신학원을 고발했다. 그런데 같은 빌딩에 신천지 위장 교회가 있었고 검찰은 "신학원은 같은 빌딩에 있던 교회의 소속이며 소속 신도들이 교리를 공부하는 곳으로 확인했다."라며 불기소 처분했다.

내부 교육 기관이라는 잘못된 판단

두 차례 불기소의 중심에는 안양과천교육지원청과 검찰이 신학원을 신천지 신도를 교육하는 내부 기관으로 봤다는 데 있다. 이 지점이 잘못되었다. 신천지 신학원은 내부교육 기관이 아니다. 신천지 규약에는 신도를 "신학원에서 소정의 교육과정을 이수한 자 및 이에 준하는 자격을 획득한 자"로 규정한다. 신학원 수강생은 신천지 신도가 아니라는 뜻이다. 또 하나 짚고 넘어가야 할 점은 종교교육이기 때문에 단속할 수 없다는 안양과천교육지원청의 입장이다. 헌법재판소는 "종교교육이라 할지라도 학교나 학원의 형태로 행하는 것에 대하여 방치할 경우, 여러 사회적

폐해가 생길 수 있기 때문에 설립인가나 등록제로써 최소한의 규제하는 것이 공익을 보호하기 위한 사익의 제한이라고 규정하고 있다."[17] 라고 판단한 바 있다. 교육부는 헌법재판소의 판단에 근거해 "종교교육이라 하더라도 그것이 학교나 학원이라는 교육기관의 형태를 취할 경우에는 교육법이나 학원법상의 규정에 의한 규제를 받게 된다."라고 법령을 해석하기도 했다.

유사사례

1995년, 서울 서부교육청은 '대한예수교장로회 총회 신학연구원'이 학원법 및 고등교육법당시 교육법에 의거, 인가받지 않고 설립, 운영했다며 폐쇄하라고 명령했다. 연구원의 불복으로 헌법소원까지 사건이 진행되었으나 결국 연구원은 패소했다. 당시 대법원은 "헌법상의 종교의 자유에는 특정 종교단체가 그 종교의 성직자와 교리자를 자체적으로 교육시킬 수 있는 종교교육의 자유도 포함되지만, 그 종교교육이 종교단체 내부의 순수한 성직자 또는 교리자 교육과정으로 행하여지는 것이 아니라 구 교육법[18] 상의 학교나 학원의 설립·운영에 관한 법률상의 학원의 형태를 취하는 경우에는 국민의 교육을 받을 권리를 적극적으로 보호하기 위하여 교육기관의 설립에 일정한 설비·편제 기타 설립기준

17 대법원 1989. 9. 26. 선고 88다카32371, 1989. 9. 26. 선고 89다카6584, 1989. 9. 12. 선고 89다카2285.

18 2000. 3. 30. 헌바14전원재판부

등을 갖출 것을 요구하고 있는 구 교육법과 학원의 설립·운영에 관한 법률의 규제를 받게 되고, 이러한 구 교육법과 학원의 설립·운영에 관한 법률상의 규제를 들어 헌법상의 종교의 자유를 침해하거나 평등의 원칙 등에 위배된 것이라고 할 수가 없다."라고 판시했다. 한편, 학원법에 대한 두 가지 대표적인 오해가 있다. 첫 번째는 수강료 문제다. 수강료를 받지 않기 때문에 학원법 적용 대상이 아니라는 주장이 있었지만, 수강료는 학원의 요건과 아무런 관련이 없다. 둘째는 비밀교육에 대한 내용이다. 신천지가 비밀리에 교육을 하기 때문에 불법이라는 주장도 있다. 비밀교육은 도덕, 윤리적 지탄의 대상일지는 모르겠지만 그 자체가 불법은 아니다. 지금도 신천지는 신학원을 운영하며 피해자를 양산하고 있다. 관계 당국의 철저한 수사와 규명이 필요하다.

| 7부 |

교회사 속 이단

예수 그리스도의 정체성에 대한 잘못된 이해를 바로 잡는 일은
초대교회가 당면한 가장 큰 숙제였다.

영지주의

영지주의Gnosticism는 초기 기독교가 치열하게 싸워야 했던 이단 사상이다. 지식을 뜻하는 헬라어 그노시스gnosis에서 유래했다. 서요한 교수는 "(영지주의는) 보통 인간이 도달할 수 없는 경지의 지식, 즉 신과의 신비적 교제의 욕망과 또한 사후 하늘에서 영혼의 안전을 찾는 소망을 추구하였다."[1] 라고 설명한다.

불확실한 기원과 제한된 자료

영지주의에 대한 연구는 두 가지 어려움에 봉착해 왔다. 첫째, 역사적 기원을 정확히 알 수 없다. 목창균 교수는 "영지주의자들이 그들의 역사에 대한 기록을 남기지도 않았고, 그들 사상의 기원이나 형성 과정에 큰 관심을 기울이지 않았던 데서"[2] 영지주의

1 서요한, 『초대교회사』(그리심, 2010), 307.

2 목창균, 『이단 논쟁』(두란노, 2016), 69.

의 불확실한 기원 문제가 비롯된다고 지적한다. 목 교수는 영지주의의 기원에 대해 동양 종교 유래설, 헬라 사상 유래설, 유대교 유래설, 기독교 내부 유래설, 고대종교 및 사상의 혼합설 등을 소개하면서 특정 견해에서 기원을 찾는 것은 한계가 있어, 여러 요인의 혼합에서 기원을 찾는 것이 설득력 있다고 전한다.[3] 둘째, 영지주의에 대한 연구는 단편적인 자료들에 의존해왔다. 교부들, 그중에서도 이레나이우스의 발렌티누스, 바실리데스 등 대표적인 영지주의자들을 비판한 『이단 논박』외에 이들을 상세하게 연구할 수 있는 자료가 부족했다. 영지주의에 대한 연구는 1945년, 나그함마디 문서의 발견으로 전환점을 맞는다. 이 문서를 통해 이레나이우스의 주장을 재확인하는 동시에 영지주의에 대한 새로운 내용도 알려지게 되었다.

다양한 분파

영지주의는 특정 개인이나 단체가 중심이 된 운동이 아니다. 다양한 교리, 주장 등이 산재된 채로 형성되어 한마디로 정의조차 어려운 집단이다. 김영재 교수는 "영지주의는 여러 우주의 신화, 그리스도와 동방의 이교적 철학 사상, 기독교 교리 등을 혼합한 사상으로, 하나의 체계이기보다는 사상적인 운동으로서 기독교 내에 있었던 이단 사상의 하나였다."[4] 라고 밝힌다. 목창균 교

3 같은 책, 70-72.

4 김영재, 『기독교 교회사』(이레서원, 2000), 95.

수 역시 “2세기에 전성기를 이룬 영지주의는 하나의 통일체가 아니라 다양한 분파로 구성되었으며, 수많은 영지파 교사들을 배출했다.”[5] 라고 전한다. 저스틴 홀콤은 “이레나이우스는 『이단 반박』에서 발렌티누스파, 오피스파, 셋파, 가인파, 바실리데스파 등 다양한 영지주의 학파를 설명하고 논박한다.”[6] 라며 영지주의는 많은 학파가 있었고 신념 체계도 넓었다고 설명한다.

교리

영지주의의 특성상 이들의 견해를 일반화하기는 어렵지만, 영지주의자들 사이에서 몇 가지 공통점이 나타난다. 첫째, 이원론과 지식으로 이루는 구원이다. 이원론은 영은 선하고 육은 악하다는 사상이다. 영지주의자들이 육 혹은 물질세계를 악하다고 규정하는 이유는, 이 세계의 창조주가 열등하고 불완전한 존재라고 믿기 때문이다. 영지주의자들은 유일신론을 견지하지 않는다. 이들은 참 하나님은 창조주가 아니고, 참 하나님으로부터 파생된 열등한 존재가 세상을 창조했다고 믿는다. 열등한 존재에 대해서는 데미우르고스, 소피아 등 영지주의자들 사이에서도 견해를 달리한다. 저스틴 홀콤Justin S. Holcomb 은 영지주의의 분파인 셋파, 오피스파, 바르벨로파의 구약의 하나님에 대한 이해를 피라미드 모양으로 설명한다. 피라미드 꼭대기에는 초월적인 신이 침묵하

---

5 목창균, 『이단 논쟁』(두란노, 2016), 74.
6 저스틴 홀콤(이심주), 『이단을 알면 교회사가 보인다』(부흥과개혁사, 2015), 48.

는 상태로 존재하고, 아래로 내려올수록 열등한 신들이 나타난다. 가장 아래에 아르콘이 존재하는데, 아르콘은 인간보다 능력과 선함이 떨어지지만, 환영을 이용해 공포감을 조성함으로 인간을 지배한다. 셋파, 오피스파, 바르벨로파는 구약에 나타난 이스라엘의 하나님을 아르콘의 하나로 간주한다. 이스라엘의 하나님이 "나 외에는 다른 신이 없다."라고 말한 이유는 인간이 지식을 얻는 것을 두려워했기 때문이다.[7] 영지주의자들에게 구원은 불완전한 존재가 만들어 놓은 악한 세상으로부터의 탈출이다. 탈출은 은밀한 지식을 통해 이루어진다. 세계와 참 하나님에 대한 올바른 지식을 소유해야만 영이 해방될 수 있다고 주장한다. 구원을 위한 지식은 스스로 깨달을 수 없다. 이 지식은 소수에게만 알려져 있고, 그들에게서 전수된다고 믿는다. 라은성 교수는 "(영지주의는) 세상이나 물질세계를 악하다고 규정해 놓고, 세상의 기원이나 참된 본질에 대한 신비한 지식을 소유하는 것으로 구원을 받는다고 말한다. 이와 같은 복잡한 지식, 즉 영지를 알게 되고 악한 육체의 간섭을 받지 않기 위해 금욕을 일삼으면 구원을 받는다고 했다."[8] 라고 그들의 구원관을 설명했다. 둘째, 삼위일체와 성육신을 부정한다. 영지주의자들은 예수 그리스도를 성자 하나님으로 인정하지 않는다. 악한 육체 안에 갇힌 존재가 구원자가 될 수 없다는 논지다. 이는 자연스레 그리스도의 육체적 부활의 부정으로 이어진다. 셋째, 선악과 문제를 재해석한다. 영지주

---

7 저스틴 홀콤(이심주), 『이단을 알면 교회사가 보인다』(부흥과개혁사, 2015), 51-52.

8 라은성, 『이것이 교회사다』(PTL, 2012), 360.

의자들은 아담과 하와가 선악과를 따먹음으로 깨달음을 얻었다고 주장한다. 뱀이 선악과를 먹게 함으로 (위에서 언급한) 아르콘으로부터 탈출하기 위한 '영지'를 주려고 했다고 주장한다. 마이클 호튼은 "구약에 표현된 창조의 하나님(여호와)은 신적인 영혼을 몸 안에 가두어 둔 악한 신이 되는 반면 에덴동산의 뱀은 내적인 깨달음을 통해 아담과 하와를 해방시키려 했다."[9] 라고 영지주의자들의 세계관을 설명했다.

교회의 반응

저스틴 홀콤은 "영지주의자의 엘리트 사상은 구약 성경을 분노, 전쟁, 복수의 이야기라고 묵살하면서 자연스럽게 교회 안에서 관심을 불러일으켰다."라며 "영지주의자가 되는 것은 도시적으로 세련되고 지적인 사람이 되는 것과 같았기 때문에, 지적인 구심점이 없었던 평범한 기독교인들에게 큰 유혹이 됐다."[10] 라고 지적한다. 교부들 그중에서도 이레나이우스가 최전방에서 교회를 보호했다. 알리스터 맥그래스Alister E. McGrath 에 따르면 이레나이우스는 발렌티누스와 그 진영에 대응해 구원의 경륜을 주장하고, 창조주 하나님과 더불어 당시 형성 중이던 삼위일체 교리의 중요성을 역설했다고 한다.[11] 알리스터 맥그라스는 이레나이우스

9 마이클 호튼(이용중), 『개혁주의 조직신학』(부흥과개혁사, 2012), 42.
10 저스틴 홀콤(이심주), 『이단을 알면 교회사가 보인다』(부흥과개혁사, 2015), 56.
11 알리스터 맥그라스(홍병룡), 『그들은 어떻게 이단이 되었는가』(포이에마, 2011), 186.

의 반응이 "초기 기독교 사상에서 하나의 이정표를 이룬 것으로 인정받는다."[12] 라고 평가했다

12 같은 책, 187.

마르키온

“당신을 알고 있습니다. 사탄의 장자 아닙니까.” 사도 요한의 제자였던 폴리캅Polycarp 이 로마에서 만난 마르키온Marcion 에게 한 말로 알려져 있다. 마르키온과 영지주의소아시아의 폰투스 시노페터키 시노프 출신인 마르키온은 선박사업으로 부자가 되었다. 그는 130년대 말혹은 140년경 로마로 이주했고, 교회에 많은 돈을 헌금하기도 했다. 문제는 그의 사상이었다. 마르키온은 초기 영지주의자 케르도와 연을 맺으며, 영지주의자들처럼 이원론적 세계관을 가지게 된다.[13] 영지주의의 모든 사상을 수용하지 않았지만, 이원론은 구약의 하나님과 신약의 하나님을 분리하는 오류에 빠지게 했다. 로마교회는 마르키온에게 상당한 돈을 받고 그를 잘 대접했지만, 그의 사상을 알게 된 이상 함께 할 수 없었다. 결국 마르키온은 로마 교회를 나와 종교 집단을 형성했다.[14]

---

13 저스틴 홀콤(이심주), 『이단을 알면 교회사가 보인다』(부흥과개혁사, 2015), 63.

14 일부 역사가들은 로마 교회가 마르키온을 출교했다고 주장하지만, 알리스터 맥그라스는 그런 일이 없었다고 밝힌다. 로마 교회는 마르키온의 견해를 받아들이지 않았고, 그가 헌금한 돈을 돌려주었다고 전한다.

교리

마르키온은 하나님은 한 분이 아니라고 주장했다. 자신의 저서 『대조표』를 통해 구약의 하나님과 예수의 하나님은 다르다고 밝혔다. 마르키온은 구약의 하나님은 열등하고 결함이 있는 존재이지만, 예수 그리스도는 우리에게 알려지지 않은 아버지께 보냄을 받아 여호와의 악한 분노에서 우리를 구원한다고 가르쳤다.[15] 구약의 하나님은 유대인의 신이었기 때문에, 마르키온의 사상은 자연스레 반反 유대교적으로 흘렀다. 그의 반反 유대교적 사상은 자신만의 정경을 채택하는 결과로 이어졌다. 구약은 모두 제외했고, 신약 가운데서도 누가복음과 목회 서신을 뺀 바울의 열 개 서신만을 정경으로 인정했다. 이마저도 누가복음의 족보 등 하나님과 유대인의 관계 부분은 삭제했다. 예수님이 직접 임명한 사도들, 소위 열두 제자를 유대주의자들로 여겨 사도로 인정하지 않았고, 바울만 진정한 사도로 인정했다. 마르키온은 그리스도의 인성을 인정하지 않았다. 그 결과 예수는 외형상 사람으로 보였을 뿐, 실제로는 인간이 아니었다는 가현설을 주장했다. 마르키온의 가르침은 영지주의자들의 주장과 더불어 후대의 가현설주의자들에게 지대한 영향을 끼쳤다.

15 저스틴 홀콤(이심주), 『이단을 알면 교회사가 보인다』(부흥과개혁사, 2015), 65-66.

교회의 반응

마르키온의 사상은 초대교회에 큰 위협이 되었다. 그 이유에 대해 알리스터 맥그래스는 "마르키온이 나사렛 예수의 유대인 혈통을 부인하려고 했기 때문"[16] 이라고 진단한다. 마르키온의 영향력이 확대되자 초대교회의 교부들이 마르키온을 반박하는 글을 많이 남겼다. 저스틴 홀콤은 "마르키온주의를 직접 반박하는 문헌이 대량으로 생산된 것만 봐도 이 이단이 가진 무게감을 느낄 수 있다."[17] 라고 말한다. 폴리캅, 오리게네스, 클레멘스 등 많은 교부가 마르키온을 비판했다. 그중에서도 대표적으로 테르툴리아누스와 이레나이우스가 적극적으로 나섰다. 특히 테르툴리아누스는 다섯 권의 『마르키온 논박』을 낼 정도였다. 그는 저서에서 하나님의 유일성을 논증하고, 구약과 신약, 육체와 영혼을 구분하는 이원론에 반박했다.

---

16 알리스터 맥그라스(홍병룡), 『그들은 어떻게 이단이 되었는가』(포이에마, 2011), 196.

17 같은 책, 69.

역동적 단일신론

역동적 단일신론은 성부 하나님의 단일성을 강조하다 그리스도의 신성을 부정하는 데까지 이어진 사상이다. 성부 하나님을 군주로 삼는다고 하여 역동적 군주론으로 불리기도 한다. 이 사상의 추종자들은 예수를 마리아에게서 난 보통 사람으로 제한한다. 예수가 세례를 받을 때 특별한 능력이 그에게 임하고, 부활을 통해 하나님의 아들, 즉 양자가 된다고 하여 양자론으로 불리기도 한다.

비잔틴의 테오도투스

역동적 단일신론의 주창자는 비잔틴 출신의 무두장이 테오도투스Theodotus로 알려진다. 혹자는 테오도투스가 그리스도인이 아니었다고 말한다. 그는 "하나님의 칭호를 예수에게 적용하기를 거부했다."[18] 테오도투스는 예수께서 세례를 받을 때 그에게 성령이 임했고, 부활 후 하나님의 양자가 되었다고 주장했다. 당시의 로마교황 빅토르는 195년혹은 198년에 테오도투스를 이단으로 정죄하고 추방하게 된다. 테오도투스는 성경의 풍유화를 반대하고 문자주의와 사본 비평을 좋아했다고 알려진다.[19]

사모사타의 바울

역동적 단일신론으로 가장 큰 영향을 끼친 사람은 260년부터 10여 년간 안디옥 교회의 감독을 지냈던 바울이었다. 그는 그리스도의 신성을 지나치게 강조하는 것을 반대했다. 기본적인 사상은 테오도투스와 유사하다. 바울은 예수가 세례를 받을 때 로고스, 즉 하나님의 인격이 임했고 부활 후 신성을 부여받아 하나님의 아들이라 칭함을 받게 된다고 주장했다. 인간에 불과한 예수 속에 신적 능력이 들어가 그를 점점 신격화했기 때문에 엄밀한 의미에서 예수를 하나님으로 볼 수는 없다고 말했다.[20] 바울은 264년과 268년에 안디옥에서 열린 회의에서 정죄 당했지만, 당시 팔미라 왕국의 여왕 제노비아의 재무관이었던 탓에 비호를 받게 된다. 272년 아우렐리아누스 황제에 의해 축출되었다.[21] 양자론은 한 분 하나님께서 성부, 성자, 성령의 다른 모양형태으로 나

18 목창균, 『이단 논쟁』(두란노, 2016), 103.
19 김영재, 『기독교 교회사』(이레서원, 2000), 111.
20 같은 책, 296.
21 목창균, 『이단 논쟁』(두란노, 2016), 104.

타난다는 양태론 보다 더 일찍 출현해 교회를 혼란스럽게 했다. 양자론에 대해 서요한 교수는 "초대교회의 이단 에비온파와 현대의 일위신론과 동일하다."[22] 라고 진단한다. 목창균 교수 역시 "그리스도의 신성을 부정하고 단지 그의 인간성만을 인정한 것에서는 에비온주의와 다를 바 없었다."[23] 라고 평가했다. 한편, 에비온주의란, 예수를 선지자 혹은 이스라엘의 대제사장 정도로 이해하려고 했던 사상이다. 알리스터 맥그라스는 이 사상을 "나사렛 예수의 정체성에 대한 해석을 유대교의 시각에서 제한하려 했던 운동"[24] 이라고 평가한다.

---

22 서요한, 『초대교회사』(그리심, 2010), 295.

23 목창균, 『이단 논쟁』(두란노, 2016), 104.

24 알리스터 맥그라스(홍병룡), 『그들은 어떻게 이단이 되었는가』(포이에마, 2011), 161.

양태론적 단일신론

양태론적 단일신론양태론은 성부, 성자, 성령의 삼위 하나님은 실상 "한 하나님의 세 가지 형태"라는 주장으로, 삼위일체를 부정하는 이단 사상이다. A.D. 200년경 프락세아스와 노에투스 등에 의해 주창되었고 로마의 사벨리우스에 의해 정교하게 다듬어졌다.

노에투스와 프락세아스

에베소인 노에투스는 성육신을 부정하지는 않았지만, 성부 하나님을 성육신한 존재로 만들었다. 그는 그리스도가 성부 하나님의 육체적 현현이라며 인간으로 고난 받은 존재는 성부 하나님이라고 주장했다. 이는 양태론의 반대자들의 의해 성부 수난설로 불리기도 한다. 노에투스는 한 분 하나님과의 연합과 동시에 그리스도의 신성을 주장했으나 서머나 교회에서 추방당했다.[25] 소아시아 교회의 지도자였던 프락세아스는 예수님이 성부 하나님과 동일한 존재라고 주장했다. 그는 구약의 성부 하나님이 신약의 성자로 나타났다고 말했다. 성부가 동정녀의 태에 들어갔고, 출생하여 성자가 되었다는 논리다.[26] 프락세아스는 삼위일체라는 단어를 처음 사용한 테르툴리아누스와 논쟁을 펼치는데, 테르툴리아누스는 『프락세아스에 반대하여』라는 변증서를 쓰게 된다.

사벨리우스

양태론은 흔히 사벨리우스주의라고 불린다. 사벨리우스가 이 사상을 체계화하여 많은 영향을 끼쳤기 때문이다. 저스틴 홀콤은 "처음에 등장한 양태론은 단순해서 반박이 쉬웠지만, 사벨리우스가 다듬은 양태론은 훨씬 논리적이고 견고했다."[27] 라고 전한다. 서요한 교수는 그의 사상을 다음과 같이 정리한다. (사벨리우스는) 신격 안에 구별되는 실재를 가리키기 위해서 아버지, 아들, 성령이라는 용어를 사용한 것이 아니라 한 분 하나님이 세상과 인간에 대하여 스스로를 차례로 보이시는 세 가지 기능 혹은 양태, 즉 창조주, 구속주, 거룩하게 하시는 분을 가리키기 위해 그 용어들을 사용함으로써 삼중 구조를 설명하려했다.[28] 사벨리우스

---

25 서요한, 『초대교회사』(그리심, 2010), 297.
26 같은 책, 297.
27 저스틴 홀콤(이심주), 『이단을 알면 교회사가 보인다』(부흥과개혁사, 2015), 108.
28 서요한, 『초대교회사』(그리심, 2010), 298.

에게 성부, 성자, 성령은 한 분 하나님의 활동 방식에 따른 표현이었다. 라은성 교수는 "사벨리우스가 설명하는 삼위일체 하나님은 한 인격, 즉 한 위격과 세 이름을 가진 분이다. 삼위는 단지 이름 또는 형태다. 성부는 태양, 성자는 광선, 성령은 열과 같은 것으로 설명했다."[29] 라고 전한다.

저스틴 홀콤은 양태론이 예수님의 속죄 사역을 무효화시킨다고 지적한다. 그는 "만일 하나님이 한 분으로서 역사 가운데 형태만 달리하여 나타나신다면, 혹은 가현설에서 주장하듯이 예수님이 사람처럼 보이는 것에 불과하면, 예수 그리스도가 진정으로 사람이었는지가 의문시된다. 예수 그리스도가 완전한 하나님도 완전한 사람도 아니시라면, 하나님과 사람 사이의 중보자가 되실 수 없다."[30] 라고 설명한다. 오늘날에도 여전히 양태론적 삼위일체가 교회 안에서 가르쳐진다. A라는 사람이 집에서는 가장, 회사에서는 회사원, 교회에서는 집사라는 설명 혹은 액체-기체-고체 비유로 삼위일체를 설명하는 것이 전형적인 양태론이다.

---

29 라은성, 『이것이 교회사다』(PTL, 2012), 380.

30 저스틴 홀콤(이심주), 『이단을 알면 교회사가 보인다』(부흥과개혁사, 2015), 120.

몬타누스

사도들의 시대가 저물고 교회는 과도기에 접어들었다. 자신들의 시대에 그리스도가 재림하리라 믿었던 많은 성도가 죽음을 맞이하면서 남아 있는 자들은 점차 긴장의 끈을 늦추기 시작했다. 일부 성도들은 하나님이 그리스도의 재림을 연기해 회개할 기회를 주셨다고 믿었지만, 이런 사상도 시간이 지나며 자연스레 약화되었다. 성도들의 가치관이 변했다. 이들은 더 이상 오늘이 마지막 날이 될 수도 있다는 생각으로 살지 않았다. 엄격한 윤리 의식이 사라지면서 성도들의 생활은 해이해지기 시작했다. 교회는 변하는 시대에 발맞춰 제도와 외형적 질서를 정비해 나갔다. 새롭게 정해지는 규정에 따라 교회 안에는 다양한 의무와 권리가 발생했다. 이런 현상을 교회의 세속화로 규정하고 초대교회로의 회귀를 외쳤던 한 무리가 등장했다. 그 중심에는 소아시아 프리기아 출신의 몬타누스가 있었다.

몬타누스와 여성 추종자들

몬타누스의 생애에 대한 정보는 많지 않다. 본래 이교도인이었으나 세례를 받고 회심했다고 알려진다. 156년경 부터 본격적인 활동에 들어갔다고 전해지는데, 이 운동을 몬타누스의 이름에 기인해 몬타누스주의라고 부른다. 몬타누스주의는 예언하는 두 여자, 프리스길라와 막시밀라의 합류로 힘을 얻게 된다. 이 운동의 중심에는 새로운 계시와 종말론, 금욕주의가 자리 잡고 있었다.

계시와 종말론

당시 성도들은 하나님의 특별한 계시가 사도 시대가 종료하면서 더 이상 주어지지 않는다는 사실을 알지 못했다. 때문에 몬타누스와 그 추종자들의 계시와 예언 선포 활동은 열정적인 신앙을 갈망하는 성도들로부터 큰 호응을 불러일으켰다.[31] 몬타누스는 요한복음 14장 26절에 예고된 보혜사가 자신에게 임했다며, 자신이 성령으로부터 직통 계시를 받는다고 주장했다. 역사를 성부시대, 성자시대, 성령시대로 구분하는 소위 삼시대론을 주장했는데, 자신과 함께 성령시대가 시작했다고 말했다. 몬타누스와 함께한 두 여자 중 프리스길라는 그리스도께서는 일반교회를 떠나셨고, 자신이 직접 계시를 받는다고 했다. 막시밀라는 자신 이후에 선지자는 없을 것이고 예언은 자기에게서 마쳐진다고 선언했

31 목창균, 『이단논쟁』(두란노, 2016), 151.

다.[32] 서요한 교수는 "이들의 새로운 예언은 황홀한 환상과 이상한 방언에 근거했다."라고 밝힌다. 이것을 하나님의 끝없는 영감과 계시라고 믿고 자신들은 성령에 의해 연주되는 악기라고 믿었다.[33] 몬타누스와 그 추종자들의 예언의 정점은 종말에 관한 것이었다. 그들은 요한계시록에 기록된 새 예루살렘이 프리지아의 페푸자에 건설된다고 말했다. 최후 심판이 2년 안에 올 것이라 믿고 집과 물건을 처분한 이들도 있다.[34]

금욕주의

몬타누스주의는 그리스도의 임박한 재림을 설파하며 신도들에게 매우 엄격한 생활을 요구했다. 회개를 강조하는 당시 교회의 분위기에 반대해 세례 이후에 짓는 죄의 문제를 엄격하게 다뤘다. 박해를 피하는 것을 용인하지 않고 성도들은 순교를 추구해야 한다고 가르쳤다. 많은 금식 규정을 만들고, 일체의 오락을 금했다. 종말이 임박했으니 결혼은 필요하지 않다고 가르쳤다.[35]

영향과 교회의 반응

몬타누스주의는 소아시아 로마, 북아프리카 카르타고에 이르

---

32 김영재, 『기독교 교회사』(이레서원, 2000), 106.
33 서요한, 『초대교회사』(그리심, 2010), 334.
34 같은 책, 332.
35 목창균, 『이단논쟁』(두란노, 2016), 149.

기까지 광범위하게 확산되었다.[36] 특히 삼위일체라는 단어를 처음 사용한 유능한 라틴 신학자 테르툴리아누스는 이들의 금욕주의에 매에 심취했다. 몬타누스주의의 새로운 계시 주장과 극단적인 종말론은 교회를 분열시켰다. 일차적으로 몬타누스주의자들 스스로가 정통교회를 배척했고, 교회 안에서는 몬타누스를 지지하는 측과 반대하는 측이 대립하는 기현상이 일어났다. 대표적으로 이레나이우스 등이 이들의 사상을 논박했고, 교회는 177년경 이 운동을 이단으로 정죄했다. 비록 몬타누스주의가 이단적이었지만, 학자들은 이 운동을 계기로 교회가 몇 가지 긍정적인 방향으로 나갈 수 있게 되었다고 평가한다. 대표적으로는 성경의 권위를 인정하고 하나님의 특별한 계시가 성경으로 종결되었음을 확증해 나가는 계기가 되었다.

몬타누스주의의 약화와 재현

사람들은 재산을 팔면서까지 임박한 재림을 고대했으나 종말은 오지 않았다. 몬타누스와 추종자들은 그리스도께서 재림을 연기하는 이유가 있다고 변명했지만, 이는 한계가 있었다. 몬타누스와 여성 예언자들이 죽자 자연스레 세가 줄어들기 시작했고, 5세기 이후 완전히 자취를 감춘 것으로 알려진다. 하지만 몬타누스 이후에도 많은 직통 계시파 이단이 등장했다. 하나님의 음성

36 같은 책, 158.

을 듣는 자, 종말의 일시를 정한 시한부 종말론자, 어떤 조건이 충족되면 종말이 온다는 조건부 종말론자 등이 역사 속에서 사라지지 않았다.

아리우스

예수 그리스도의 정체성에 대한 잘못된 이해를 바로 잡는 일은 초대교회가 당면한 가장 큰 과제였다. 예수를 선지자 혹은 이스라엘의 대제사장 정도로 이해했던 에비온주의자, 예수가 세례를 받을 때 특별한 능력을 받고, 부활을 통해 하나님의 아들이 되었다는 양자론자, 구약의 성부가 곧 예수라고 주장한 양태론자 등 예수를 둘러싼 다양한 그릇된 이해가 교회를 혼란하게 만들었다. 특히 예수를 피조물이라고 주장한 아리우스의 등장 이후 60여 년은 그 혼란이 극에 달했다.

아리우스는 누구이며, 무엇을 주장했나

아리우스250년경~334년경 는 루키아노스의 제자였다. 루키아노스는 "인간에 불과한 예수 속에 신적 능력이 들어가 그를 점점 신화했기 때문에 엄밀한 의미에서 예수는 하나님이 아니다."라고 양자론을 주장한 사모사타의 바울을 추종한 인물이었다. "예수는 피조된 존재로 창조 이전에는 존재하지 않았다." 이는 아리우스의 핵심 주장이었다. 알리스터 맥그라스는 아리우스가 저술한 *Thalia*편집자 주: 연회 가 아직 남아 있지 않아 "아리우스의 사상은 반대파의 저술을 통해 파악하는 수밖에 없다. 그런데 반대파들은 대개 아리우스의 저서에서 발췌한 내용을 일부만 인용하기 때문에 우리로서는 아리우스가 그런 사상을 개발하게 된 맥락을 충분히 파악하기가 쉽지 않다."[37] 라면서도, 아리우스 주장의 기본 주제에 대해서는 논란이 없다며 세 가지로 진술했다.[38]

1. 아들과 아버지는 동일한 본질을 갖고 있지 않다.
2. 아들은 기원과 지위에 있어서 피조물 가운데 으뜸가는 존재로 인정되어야 하지만, 어디까지나 피조된 존재이다.
3. 아들이 여러 세계들의 창조자이므로 그것들보다 먼저 그리고 모든 시간보다 먼저 존재했음이 틀림없지만, 아들이 존재하지 않았던 때도 있었다.

목창균 교수는 아타나시우스의 *Four Discourses Against the Arians*필자 역: 아리안에 대한 네 가지 담화 를 인용해 "아리우스는 아들을 진정한 하나님으로 보지 않고 그보다 못한 제2의 하나님 또는 명목상 하나님으로 보았다."[39] 라고 설명했다.

37 알리스터 맥그라스(홍병룡), 『그들은 어떻게 이단이 되었는가』(포이에마, 2011), 214.
38 같은 책, 215.
39 목창균, 『이단 논쟁』(두란노, 2016), 127.

아타나시우스의 등장

아리우스의 가르침이 인기를 얻자 알렉산드리아의 감독 알렉산더는 아리우스의 주장을 비판하며 논쟁을 시작했다. 알렉산더는 주교들을 소집하고 예수의 신성을 부정하는 아리우스의 가르침은 사모사타의 바울이 주장한 양자론을 복잡하게 만들어 되살려낸 것이라고 비판했다.[40] 알렉산더는 아리우스를 이단으로 정죄하고 그를 추방했다. 하지만 아리우스의 가르침은 여전히 인기 있었고 추종자들에 의해 전파되었다.

아리우스에 대한 더욱 끈질긴 비판은 알렉산더의 제자 아타나시우스로부터 이루어졌다. 아타나시우스는 알렉산더의 뒤를 이어 328년경 부터 알렉산드리아의 감독직을 맡았다. 아타나시우스는 피조물이 피조물을 구원할 수 없다는 전제하에 그리스도가 하나님이 아니면 구원자가 될 수 없다는 논리를 전개하며, 아리우스는 구원의 확실성을 파괴한다고 밝혔다. 아타나시우스는 아리우스의 주장에 따르면 예수 그리스도는 구원자가 될 수 없다며 그리스도가 피조물이면 그리스도인들은 우상숭배에 빠졌다고 말했다.

니케아 공의회

알렉산더로부터 이단으로 정죄 받은 아리우스는 루키아노스

40 저스틴 홀콤(이심주), 『이단을 알면 교회사가 보인다』(부흥과개혁사, 2015), 125.

의 제자들에게 지지를 부탁하는 동시에 같은 안디옥 학파의 유세비우스에게 도움을 요청했다. 아리우스는 자신을 추방한 알렉산드리아를 제외한 로마의 각 지역에서 조력자들을 얻게 된다. 결국 323년부터 안디옥과 알렉산드리아 학파는 집회를 따로 개최하는 지경에 이르게 된다.[41] 당시 로마 황제 콘스탄티누스는 아리우스를 둘러싼 일련의 사태가 단순한 신학 논쟁으로 끝나지 않고 로마의 질서와 통일성을 해치는 문제가 되리라고 생각했다. 콘스탄티누스는 자신의 자문관을 파송해 양측을 중재하길 원했지만 실패했고, 325년에 교회의 지도자들을 니케아로 소집한다. 이것이 세계 최초의 공의회인 제1차 니케아 공의회다. 당시 동서방교회의 주교는 1800명 정도로 예상되는데 그중 300여 명이 이 회의에 참석했다. 300여 명 외에도 주교들을 수행하기 위한 사제, 부제 등 다양한 신학 전문가들이 참석한 것으로 알려진다. 니케아 회의의 참석자들은 크게 세 파로 구분되어 있었다. 첫째, 유세비우스가 중심이 된 아리우스의 지지자들이다. 이들은 성자는 피조물이며 성부와 본질이 동일하지 않다고 주장했다. 둘째는 알렉산더와 아타나시우스가 이끄는 아리우스의 반대자들이다. 이들은 호모우시우스Homoousios 즉 성부와 성자의 본질은 동일하다고 주장했는데, 수적으로 열세에 있었다. 셋째, 가이사랴의 유세비우스편집자 주: 아리우스의 지지자와 다른 인물가 이끄는 중도파였다. 이들은 호모우시우스가 아닌 호모이우시오스Homoiousios 즉 성부와 성

41 서요한, 『초대교회사』(그리심, 2010), 418.

자가 유사한 본질을 가졌다고 말했다. 중도파는 수적으로는 가장 우세했다. 논쟁은 아타나시우스의 활약으로 소수파의 승리로 돌아갔다. 교회는 제1차 니케아 공의회를 통해 아리우스를 정죄하고 호모우시우스 교리를 확립하게 된다. 칼 투르먼은 "제1차 니케아 공의회는 아버지와 아들의 관계를 본질substance이라는 측면에서 제시함으로써 이에 관한 이후의 신학적 논의들의 궁극적인 틀을 설정했다. 제1차 니케아 공의회가 성육신하신 예수의 위격을 이해하는 틀을 제공했음을 알 수 있다."[42] 라고 평가했다.

니케아 이후 오히려 힘을 얻은 아리우스

제1차 니케아 공의회는 아리우스 사태의 종식이라기보다 논란의 가중화로 이어졌다. 애초에 소수파의 승리로 돌아간 것 자체가 예상 밖의 결과였다. 아리우스의 가르침은 여전히 유효했고 교회에 영향력을 행사하고 있었다. 아리우스의 지지자인 유세비우스는 콘스탄티누스 황제에게 아리우스에게 선처를 베풀어달라고 호소했고, 황제는 이를 받아들이게 된다. 아리우스주의자들이 성찬에까지 참여할 수 있게 되자 아타나시우스는 반기를 들었고 결국 유배를 가게 된다. 아타나시우스는 니케아 공의회의 결정을 지키기 위해 노력한 대가로 파문과 복직을 반복했는데 그의 유배 생활을 합치면 약 17년이다. 상황은 점점 아리우스에게 유리해

42 칼 트루먼(김은진), 『교리와 신앙』(지평서원, 2015), 141.

졌다. 콘스탄티누스 사망 후 로마는 세 명의 아들인 콘스탄티우스, 콘스탄스, 콘스탄티누스 2세가 분할해 다스렸다. 그중 콘스탄티우스는 아리우스에게 우호적이었는데, 나머지 두 형제의 죽음 이후 로마의 단독 황제가 되면서 아리우스주의는 더욱 힘을 얻게 되었다.[43]

아리우스파의 분열과 갑바도기아의 교부들

아리우스의 지지자들은 시간이 흐르며 아노모이오스anomoios, 상이본질라고 불리는 극단적 아리우스파, 호모이우시오스homoiousian, 유사본질라고 불리는 세미 아리우스파, 호모에안homoean, 동류본질이라고 불리는 중도 온건파로 갈라지게 되었다. 이들 분파 중 극단적 아리우스파의 주장이 점점 과격해지자 일부 아리우스파에서 아타나시우스의 주장에 귀를 기울이기 시작했다. 특히 373년 아타나시우스가 사망하고 갑바도기아의 교부 삼인방인 가이사랴의 바질, 닛사의 그레고리, 나지안주스의 그레고리가 등장해 삼위일체 교리를 정립하는데 큰 공을 세웠다.

콘스탄티노플 공의회

아리우스파의 분열과 갑바도기아 주교들의 활약으로 니케아

43 목창균, 『이단 논쟁』(두란노, 2016), 138.

신조는 다시 한번 교회의 신앙고백으로 자리 잡게 된다. 테오도시우스 황제는 나지안주스의 그레고리를 총대주교로 임명하고 아리우스파 감독들을 동로마 제국에서 추방했다.[44] 381년 콘스탄티노플에서 회의를 소집해 니케아 신조를 재확인하는 니케아-콘스탄티노플 신경을 채택하면서 아리우스주의를 정죄했다. 60여 년 동안 치열하게 전개된 아리우스 논쟁이 종식되는 순간이었다. 칼 투르먼은 "(니케아-콘스탄티노플 신조는) 범교회적으로 보편적인 정통 신앙을 정의하는 표준이 되었다. … 이 신조는 성령의 신성에 관해 자세히 설명함으로써, 삼위일체 하나님에 대해 더욱 적절히 묘사한다."[45] 라고 평가한다. 아리우스의 등장과 함께 시작된 60여 년간의 논쟁과 그사이에 일어난 두 차례의 공의회는 삼위일체 교리가 어떻게 정립되었는지를 알려준다.

---

44 목창균, 『이단 논쟁』(두란노, 2016), 141.

45 칼 트루먼(김은진), 『교리와 신앙』(지평서원, 2015), 144-145.

펠라기우스

펠라기우스는 350년경 영국에서 태어났다. 그는 4세기 말 로마로 이주했는데 그곳에서 시민들의 도덕적 해이와 비윤리적인 삶을 접한 후 도덕적 갱신을 촉구했다. 펠라기우스에 대해서는 "삼위일체와 그리스도의 신인양성을 믿었기 때문에 당시 다수의 그리스도인이 그를 신뢰했다."[46] 라고 전해진다.

펠라기우스와 펠라기우스주의

알리스터 맥그라스는 펠라기우스에 대해 "교회 역사상 가장 강한 반발심을 불러일으킨 인물"[47] 이라고 평가한다. 펠라기우스의 주장에는 교회의 전통적인 가르침과 대척되는 부분이 많았기 때문이다. 사실 펠라기우스주의라고 불리는 이 사상이 펠라기우스

46 저스틴 홀콤(이심주), 『이단을 알면 교회사가 보인다』(부흥과개혁사, 2015), 154.
47 알리스터 맥그라스(홍병룡), 『그들은 어떻게 이단이 되었는가』(포이에마, 2011), 239.

혼자만의 사상으로 이해하기 어렵다. 펠라기우스는 로마교회 내부의 도덕적 개혁을 촉구함으로 신학 사상보다 도덕적 개혁에 더 관심이 많았다. 펠라기우스주의는 펠라기우스와 켈레스티우스, 루피누스, 율리아누스 등의 혼합사상으로 볼 수 있다는 학자들의 연구를 무시할 수 없다. 알리스터 맥그라스는 "(펠라기우스주의는) 펠라기우스의 사상과 강조점을 일부 포함하고 있지만, 이 운동과 연계된 다른 사상들은 다른 인물들에게서 나온 것이다. 이를테면 죽음과 죄의 전이에 관한 견해는 펠라기우스보다 켈레스티우스와 루피누스에게 더 많은 빚을 지고 있다."[48] 라고 전한다. 또한 펠라기우스는 실용주의자에 가까우며 "그런 행실을 격려하는 신학 체계를 정교하게 다듬은 인물은 오히려 켈레스티우스와 루피누스였다. 따라서 어느 것이 펠라기우스 개인의 신학 사상이고, 어느 것이 이른바 펠라기우스라는 비공식적인 네트워크에서 나오는 것인지를 구별하기는 상당히 어렵다."[49] 라고 밝혔다.

펠라기우스주의자들의 주장

펠라기우스주의자들의 중심사상은 인간의 자유의지에 관한 것이었다. 목창균 교수는 "펠라기우스 사상 체계의 중추를 이루는 것은 자유의지와 인간의 책임이었으며, 그가 강조한 것 역시 인

48 같은 책, 240.
49 같은 책, 240.

간의 자유의지였다."[50] 라고 전한다. 펠라기우스주의자들은 인간의 본성은 선하고, 인간은 선과 악을 스스로 선택할 수 있다고 보았다. 아담의 범죄가 후손에게 영향을 주지 않으며, 인간은 타락 이전의 아담처럼 죄가 없는 상태로 태어난다고 주장했다. 즉 인간의 전적부패와 원죄를 부정했다. 펠라기우스주의자들은 인간이 죄를 짓지 않고 살 수 있다는 논리를 펼쳤다. 인간의 죽음은 죄의 결과가 아니며, 아담의 죽음 역시 죄에 기인한 문제가 아닌 창조 때부터 정해진 것이라고 보았다. 죽음을 죄의 결과가 아닌 자연적인 것으로 이해했다. 펠라기우스주의자들에 따르면 인간이 죄를 짓는 것은 "죄인으로 태어나서가 아니라 (인간이) 죄를 짓기로 자발적으로 선택했기 때문이다."[51] 펠라기우스주의자들은 인간이 죄를 짓지 않을 수 있으며 복음이 아닌 율법으로도 (인간이) 하나님 나라에 이를 수 있다고 믿었다. 펠라기우스주의자들은 이신칭의도 부정했다. 브루스 데머리스트는 "펠라기우스에 따르면 칭의는 죄악 된 습성을 극복하고 고상한 윤리적 목표를 추구하며 하나님의 법을 성취하는 사람들과 관계된다. 사람들에게는 자기의 칭의를 실현시킬 능력이 있으며 실제로 많은 이가 그렇게 한다고 펠라기우스는 주장했다."[52] 라고 밝힌다. 펠라기우스주의자들의 인간에 대한 이해에 대해 목창균 교수는 "펠라기우스의 인간 이해는 자연주의적이고 낙관주의적인 것이 특징이다. 인

---

50 목창균, 『이단 논쟁』(두란노, 2016), 164.

51 저스틴 홀콤(이심주), 『이단을 알면 교회사가 보인다』(부흥과개혁사, 2015), 159.

52 부르스 데머리스트(이용중), 『십자가와 구원』(부흥과개혁사, 2006), 517.

간은 태어날 때부터 선행이나 악행을 선택할 수 있는 능력, 즉 자유의지를 가지고 있으며, 인간의 모든 행동은 그 자신의 의지 활동의 결과"[53] 라고 평가한다.

아우구스티누스의 반박

펠라기우스주의는 많은 이들에게 비판을 받았다. 그중에서도 가장 열성적으로 펠라기우스주의를 반박한 인물은 아우구스티누스였다. 아우구스티누스는 인간이 자유의지를 가지고 있지만 최초의 인간인 아담과 하와만이 진정한 자유를 가진다고 말했다. 아우구스티누스는 아담과 하와의 범죄로 인해 그 후손이 죄에 대한 책임을 가지게 되었다고 전했다. "타락의 결과로 죄에 오염되었다."[54] 라는 것이 아우구스티누스의 논점이었다. 아우구스티누스에게 죄는 대대로 내려오는 유전적인 질병과 같았다. 인간은 죄성을 가지고 태어나며 죄성은 인간을 오염시키고, "죄스러운 행위를 선호하는 본유의 편견"[55] 을 가진다는 것이 아우구스티누스의 입장이었다. 아우구스티누스는 하나님의 은혜가 아니면 인간이 선을 선택하고 행할 수 있는 능력을 회복할 수 없다고 전했다. 알리스터 맥그라스는 아우구스티누스와 펠라기우스의 차이를 "인간의 상황"과 "하나님의 구원의 성격"과 관련해 설명한

53 목창균, 『이단 논쟁』(두란노, 2016), 197.

54 같은 책, 245.

55 알리스터 맥그라스(홍병룡), 『그들은 어떻게 이단이 되었는가』(포이에마, 2011), 247.

다.[56] 아우구스티누스에게 인간은 손상된 상태에서 스스로 그 곤경에서 빠져나갈 수 없는 존재였다. 아우구스티누스에게 펠라기우스는 인간이 스스로 극복할 수 없는 상황에 부닥친 것을 부인하는 자였다는 뜻이기도 하다. 펠라기우스주의는 418년 카르타고 공의회에서 이단으로 정죄되었으나, 조시모 교황에 의해 정통성을 인정받게 된다. 그런데 펠라기우스주의자들이 로마 관리를 공격하는 사건이 발생한다. 당시 황제 호노리우스는 펠라기우스와 켈레스티우스를 로마에서 추방하려했다. 조시모 교황 역시 자신의 결정을 번복하고 펠라기우스주의를 정죄하게 된다. 이들은 431년 에베소 공의회에서 다시 한번 정죄 되는데, 이후 펠라기우스와 켈레스티우스의 행적은 알려진 바가 없다고 전해진다.

56 같은 책, 251.

이단백서

2019년 12월 27일 초판 3쇄 발행
2023년 1월 6일 개정증보판 1쇄 발행
2024년 7월 26일 개정증보판 4쇄 발행
지은이 조믿음
디자인 최수연

발행처 바른미디어
출판등록 2019년 2월 14일, 제 2019-000004호
주소 경기도 과천시 별양상가2로 14 314호
전화 010-7677-4663
홈페이지 www.bami.kr

총판 협동조합 아바서원
전화 02-388-7944
팩스 02-389-7944

ISBN 979-11-966452-5-0

값 15,000원